股市趋势投资策略

岑明达 著

SPM 南方传媒 | 广东经济出版社
·广州·

图书在版编目（CIP）数据

股市趋势投资策略 / 岑明达著 . —广州：广东经济出版社，2024.2
ISBN 978-7-5454-8143-3

Ⅰ.①股…　Ⅱ.①岑…　Ⅲ.①股票投资　Ⅳ.① F830.91

中国国家版本馆 CIP 数据核字（2023）第 178037 号

责任编辑：赵　娜
责任校对：张钰晴
责任技编：陆俊帆
封面设计：集力書裝　彭　力

股市趋势投资策略
GUSHI QUSHI TOUZI CELÜE

出版发行：广东经济出版社（广州市水荫路 11 号 11 ～ 12 楼）
印　　刷：广州市豪威彩色印务有限公司
（广州市增城区宁西街新和南路4号）

开　　本：730 毫米 ×1020 毫米　1/16　　印　　张：14.25
版　　次：2024 年 2 月第 1 版　　印　　次：2024 年 2 月第 1 次
书　　号：ISBN 978-7-5454-8143-3　　字　　数：199 千字
定　　价：88.00 元

发行电话：（020）87393830
广东经济出版社常年法律顾问：胡志海律师

序

中国股票市场建立至今仅仅30多年，还处于发展阶段。每一个股票市场的发展都和它所处的环境有关，我们并不能将欧美股票市场的经验和理论完全套用到中国股票市场上。欧美股票市场的机构投资者多，而中国股票市场的散户多，因此，在某些情况下中国股票的走势会更极端。普通散户极难在股市中获得收益，这和他们对股市的认知有关，并不是每一个人都有优秀的学习能力和感悟认知能力。例如，巴菲特的价值投资就需要很强的经济素养和心理素质，这不是轻易就能学会的。而“半桶水”的价值投资的结果就是在股票市场上亏损。

为此，我根据自己的经验总结出一套科学合理又简单易懂的股票买卖策略，让普通散户也能够轻松地学习和应用，从而在股票市场中获得收益。

无论是在欧美的股票市场还是在中国的股票市场，影响股票走势的根本因素是股票买卖引起的资金流动，而股票买卖的原因是投资者情绪的变化，因此分析影响投资者情绪的因素就能预测股票的走势。

例如，价值投资者追求业绩好和估值高的股票，那么股票的业绩因素和估值因素就会影响他们的买卖决定，所以需要分析个股的业绩和估值。但是通过分析各种因素综合推断出投资者情绪，难度非常大，对分析师来说是很大的挑战，其需要具备很强的分析判断能力。投资者的买和卖都会形成股票走势从而呈现趋势，从趋势上判断他们的情绪，比分析影响他们情绪的各种因素更简单，这是本书的核心内容。

本书通过对指数和个股趋势的各种情况进行量化，形成了一套投资策略。这套策略简单易懂，最重要的是，它的操作是有明确点位的，不需要主观判断，能给分析能力不足的普通投资者提供极大的帮助。

除了趋势投资策略这一个重点内容外，本书还包含一个重要的内容——选股。我根据自己对股票市场的了解，筛选出股票市场中上涨空间最大的三类股票——成长股、周期股和题材股，这些股票是完美契合趋势投资策略的。同时，通过一些重要的财务知识和基本的估值方法，选择出其中的好企业和好的买卖时机，以期达到股票收益最大化。

另外，本书通过介绍一套适合散户的股票持股仓位方法来保证资金的整体安全，从而避免人性对投资者思考和操作的过度干扰，让投资者能够客观地按照一定的方法选股、买股。

本书的核心——趋势投资策略对于读者来说相对更容易学习和实战应用。真正的难点在于选股和估值，这两个方面需要读者具备一定的学习和感悟能力，并在股票市场上进行长时间的经验积累从而形成正确的主观判断。读者想要成为真正的投资大师就必须对选股和估值有自己的深刻理解。

掌握了趋势投资策略下的股票买卖方法和股票仓位标准的制定方法就能够保证自己的本金安全，并慢慢地实现财富增值。只要遵守这两种客观的操作方法，就能够避免主观判断失误造成的损失。这两种方法可以被视为盾，保证自己的资金安全。选股和估值（时机），则是两种主观判断的方法，每个人的主观判断差别巨大，从而导致每个人的收益差异巨大。这两种方法可以被视为矛，只要成功掌握这两种方法，就能够快速实现财富自由，但是投资者需要花费很多的时间和精力来理解其中的逻辑关系。以上四种方法对投资股票都是非常重要的，缺一不可，炒股需要一套非常完整、科学的流程才能实现收益稳定，而不是靠运气，这是炒股和赌博的最大区别。

经济一直在发展，股票投资者需要不断学习和积累，需要不断努力去发现股票价值。股票市场是由人主导的，因此投资者不仅需要研究股票价值，更需要研究股票投资背后的人性。希望投资者都能明白这些道理，能在股市上赚到钱。

目 录

第一章

股票市场波动的本质

如果要制订适用于股票市场的投资方法，那么首先就需要明白股票市场波动的本质是什么。简而言之，资金为王，股票市场波动的本质就是投资者情绪的变化引起资金的流动。

总体资金净流入或者流出的多寡会决定股票的涨跌，主动流入的资金比主动卖出的资金多，股票就会上涨；相反，主动卖出的资金比主动流入的资金多，股票就会下跌。

影响股票市场资金的流动的驱动因素是投资者的情绪，其他利好利空等信息则会影响投资者的买卖情绪，即可以通过分析消息的利好利空来推断投资者买卖情绪的变化，从而推断未来的资金流动情况。通过分析各种消息来提前判断，这是第一种推断资金流动情况的方法。若个人能力较强，投资者可以利用第一种方法获得更大收益，但是难度大。第二种是滞后的、被动的方法。股市的走势是所有投资者情绪的集中表现、资金的表现、各种综合因素影响下的表现，大多数情况下，股票的表现或者走势都会形成一定的趋势，从而可以制订一种根据趋势顺势而为的方法，这是本书的核心理论，即趋势投资策略。

为了更深入地了解股市，需要以一个更宏观的思维去理解股票市场，我们可以把股票市场资金分为两大类。

第一类：整体流入股市的资金。

股市持续大量流入资金就会有牛市行情，而持续大幅流出资金就会有熊市行情。牛市时大多数股票会上涨，而熊市时大多数股票会下跌，这主要是股市整体估值的下跌或上涨导致大多数股票的估值下跌或者上涨。

比如牛市来了，指数大幅上涨，先涨的股票估值就高了，那些没涨的股票估值就相对低，那么资金会流入那些估值相对低的股票，进而整体股票市场的估值提高，形成大多数股票上涨的情况。熊市则相反，先跌的估值就低了，还没跌的相对估值就高了，相对估值高的股票资金会慢慢流出，形成大多数股票下跌的情况。

牛市、熊市对成长股和高估值股票的影响最大，而对低成长（饱和行业）的低估值股票的影响相对没有那么明显。

第二类：流入个股的资金。

个股相对指数而言市值低很多，更容易因为少量资金的买卖而出现大幅波动，如果有足够的资金，甚至可以操纵部分中低市值的个股的走势。个股的中短期走势会受到投资者情绪的影响，而投资者情绪受到诸多因素影响，最终所有因素会综合表现在走势上。

无论是哪种因素影响股票的走势，其本质还是资金的流动。引起资金流动的原因是投资者情绪在变化，而各种利好利空消息又影响人的投资情绪，反映到人的主观判断上从而影响股票的买卖。也就是说，股票市场波动的根本原因还是投资者情绪的波动，其走势是所有投资者情绪的综合表现。因此，分析股票市场就是分析投资者的情绪倾向，而影响投资者的情绪的因素有业绩、预期、政策及其他各种利好利空消息等。我们可以主动分析各因素对情绪的影响从而预判投资者买卖情绪来进行股票买卖，也可以通过分析股票的走势呈现出的趋势来确定投资者买卖情绪，并据此买卖股票。

第一节　整体流入股票市场的资金

流入大盘的整体资金，从类型来说，可以分为外资和内资。影响外资和内资流入股市的因素不相同，而且流入大盘的资金和流入个股的资金会有较大的区别。大盘资金的流入流出整体上是一个时间跨度较长的趋势，一般情况下这种资金的流入流出是相对均衡的，因此指数波动不会太大。只有在发生较大的事件时才会改变这种资金的大幅流出或者流入趋势，比如全球“放水”，量化宽松导致市场上货币过多，从而流入股市，形成牛市；经历牛市的大涨后，指数跌破上涨趋势线，头部大资金开始撤出，从而形成一种即将见顶的预期，资金纷纷开始躲避大盘大跌的风险而形成一种下跌趋势。这种大盘的走势是众多资金合力的表现，在大多数情况下会影响个股的走势，因此我们有必要去了解这方面的影响因素。

一、影响外资流入股市的因素

笔者认为，影响外资购买A股（人民币普通股票）意愿的主要因素有以下两点。

（1）汇率走势，汇率会影响外资持股的汇兑盈亏。

（2）A股整体估值，即外资买A股的潜在收益。

就目前的情况来看，我国股市和美元兑人民币汇率的相关性很高。汇率的变化将会影响国际资本的流动，简单来说就是当其他因素不变时，在人民币贬值预期下，大量国内资本会流出；在人民币升值预期下，大量国外资本会流入，其中有相当一部分资金会用于投资A股市场，可见汇率的波动会影响股票的走势。

在全球范围内，美国在经济和资本方面的影响力至少在未来二三十年内依然第一，其可以通过与美元相关的货币政策来影响全球经济和股票市场，而其他经济体还达不到能够深刻影响资本市场和经济走势的程度。

投资者要区别看待2015年“8・11”汇改前后的股票市场。汇改前，因市场化和国际化程度不够，美元兑人民币汇率和我国股票市场的相关性不强；汇改后，人民币定价日趋合理，市场化和国际化水平得到提高，美元兑人民币汇率和我国股票市场的相关性大幅度增强。美元兑人民币汇率和我国股票市场整体走势呈现出负相关的趋势，即美元兑人民币汇率呈现上升趋势，人民币贬值，股票市场呈现下跌趋势；美元兑人民币汇率呈现下跌趋势，人民币升值，股票市场呈现上涨趋势。

其中最明显的一次是2015年“8·11”汇改后，短期内人民币贬值近3%，从而产生人民币可能仍将贬值的预期，引发股市资金大幅流出，随后上证指数从2015年8月18日的最高点（4006.34点）跌到2015年8月26日的最低点（2850.71点），上证指数7个交易日大跌接近30%（图1–1）。

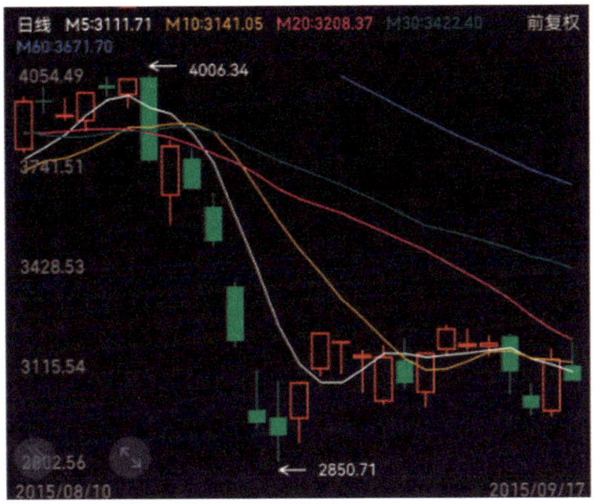

图1–1　上证指数2015年8月10日—9月17日K线图

人民币贬值会对股市造成这么大的影响，主要原因有两个。

（1）人民币贬值可能会引起股票市场资金外流。

现在的A股市场已经不再是封闭的市场，外资可以通过沪港通、深港通等多种渠道投资A股。外资流入A股市场是为了收益，但获得的收益是人民币，需要换成美元或者其他货币带回去。如果人民币有较强的贬值预期，可能导致股票收益不抵人民币贬值，这时就会有较多外资选择从股市出逃，从而导致股市下跌。

（2）汇率在一定程度上反映国家经济情况。

如果经济数据预期良好，经济强劲，汇率自然走低，本国货币升值；如果经济数据预期不好，经济疲软，汇率就会走高，本国货币贬值。股市作为经济的晴雨表，经济好，企业业绩也会好，股市也会表现良好；而经济不好，企业收入下降，股市也会承压。当人民币呈现贬值趋势时，市场对经济数据预期可能比较悲观，从而打击股市投资者的信心，引发股市下跌。

2015年8月的大跌还有一个很重要的影响因素就是情绪。当时股票市场刚经历了6月的大跌，投资者犹如惊弓之鸟，一有风吹草动就清仓，再加上杠杆等原因，造成“踩踏”现象，从而市场流动性不足导致8月的大跌。

需要注意的是汇率变化和股市涨跌并不是绝对相关的，股票市场除了受外资的影响外，还受A股自身的资金影响。汇率涨跌预期影响的是股票市场投资者的信心，所以发生金融危机时，信心比货币更重要。但是股票市场本身存在其价值区间，而市场又是非理性的。比如即使人民币还在贬值的趋势中，如果股票市场出现短期过度暴跌，这时市场会有大量的资金抄底，股票市场也会有一段上涨的趋势，汇率只是影响股票市场资金波动的一个因素。

从2015年“8·11”汇改到2017年1月3日这一贬值期间，美元兑人民币汇率从2015年8月10日的6.20升到2017年1月3日的6.96，人民币贬值10%左右。这期间股票市场经历了2015年8月和2016年1月的股灾，上证指数从2015年8月10日的最高点（3943.62点）跌到2016年1月27日的最低点（2638.30点），但是从2016年1月27日到2017年1月3日，上证指数整体呈现上升趋势。也就是说，股票市场本身有价值区间，指数涨幅或者跌幅过大后，汇率就难以影响指数的涨跌走势了。正常情况下汇率的波动对股票市场的影响不大，汇率影响股票市场的重要前提是汇率有大幅波动或大幅波动预期。

除了汇率因素外，股票市场的整体估值也会影响外资的流动，这主要是由外资的预期收益造成的。当指数大幅上涨后，人民币从升值周期转入贬值周期之时，指数容易形成顶部，后续A股容易出现大跌。在指数已经上涨较多的情况下，整体股票市场估值会比较高，在中短期内，股票市场继续上涨的概率就比较低或者趋向于调整，此时若出现人民币贬值预期，股票市场中短期预期收益有限，在人民币贬值、股票被动性亏损的趋势下——双重利空叠加的情况下，任何一个外资机构都会减仓。

相反，在股票市场大幅下跌后，股票市场整体估值比较低，买入股票的未来收益预期较高，即使人民币可能还在贬值，但是股票市场的预期收益会高于人民币贬值的汇兑损失，那么外资会抄底A股市场，整体呈现外资资金净流入，股票市场上涨。若人民币还有升值预期，在双重收益预期下，外资毫无疑问会增持A股，股票市场就会呈现更为明显的上涨趋势。

下面我们来看看2017—2022年美元兑人民币汇率和上证指数（创业板指数）的走势。

1.2017年4月—2018年4月美元兑人民币汇率走势和上证指数走势

如图1–2所示，人民币升值趋势和上证指数上涨趋势大致吻合，但是股票市场的波动是要大于汇率波动的。汇率从2017年5月9日的高位6.9080下跌到2018年2月9日的低位6.2752，人民币升值近10%，而上证指数从2017年5月11日的最低点3016.53点上涨到2018年1月29日的3587.03点，涨幅接近20%，可以看到人民币处于升值趋势时，股市也是上涨的。

同时，2018年2—4月汇率趋于横盘调整，自2018年4月19日起人民币开始了贬值周期，而上证指数在2018年1月汇率即将见底时开始急跌。可以看到当指数处于相对高位之时，又有人民币贬值预期（也有可能包含着经济变差的预期，外资的大幅流出导致了贬值），上证指数大概率会优先于汇率趋势调整，整体出现下跌趋势。原因是在资本市场中，大资金往往能对经济和汇率等对股票市场有重要影响的因素进行较为精准的预判，从而提前做出买卖选择。在金融市场上将经济走势等看得更远一点，在投资上才能拥有更大的优势。

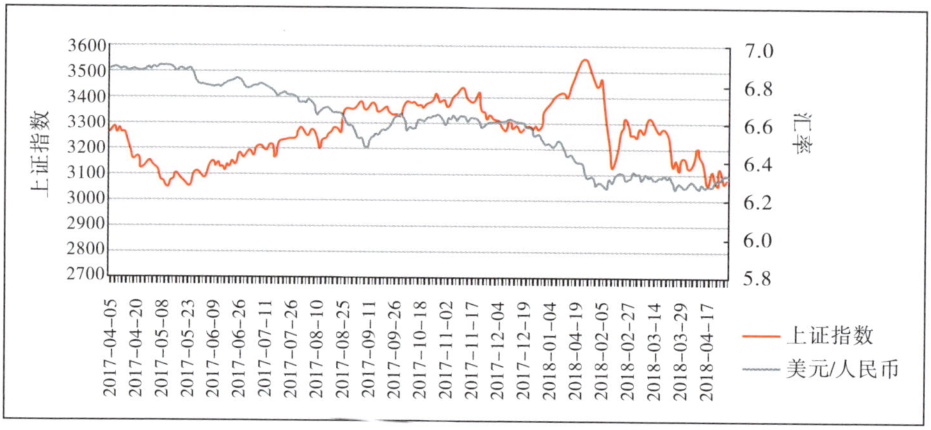

图1-2　2017年4月—2018年4月美元兑人民币汇率走势及上证指数走势

2.2018年1—12月美元兑人民币汇率走势和上证指数走势

如图1-3所示，2018年的股市行情相当惨烈，上证指数从2018年1月29日的最高点3587.03点一路下跌到2018年12月28日的收盘价2493.90点，跌幅近30%。但是2018年的最高点3587.03点是从2016年1月27日的低点2638.30点开始涨起来的，2年来上证指数一直呈上涨趋势。从图1-3可以看到，当上证指数处于高位、估值相对较高之时，哪怕人民币还在升值中，指数还是先行下跌调整了。

比如2018年1—3月，人民币还在升值，但是上证指数已经在下跌。人民币从2018年4月才开始贬值，而上证指数从2018年1月末就开始了长达一年的下跌。投资者担忧中美贸易摩擦会对经济增速产生负面影响，从而导致股票市场情绪过度悲观，这使2018年股票市场一路下跌，同时市场整体估值也大幅下降，由此A股开启了从2018年底到2021年底近3年的慢牛市场。创业板指数从2018年10月19日的最低点1184.91点涨到2021年7月22日的最高点3576.12点，涨幅接近2倍。其中，创业板以宁德时代等为主的新兴经济企业为龙头，还有芯片、新能源、医药等板块也大幅上涨。除了这些新的成长股大幅增长带动创业板指数上涨外，传统的白马股如贵州茅台、美的集团、格力电器、恒瑞医药等一众权重股的涨幅也相当可观。

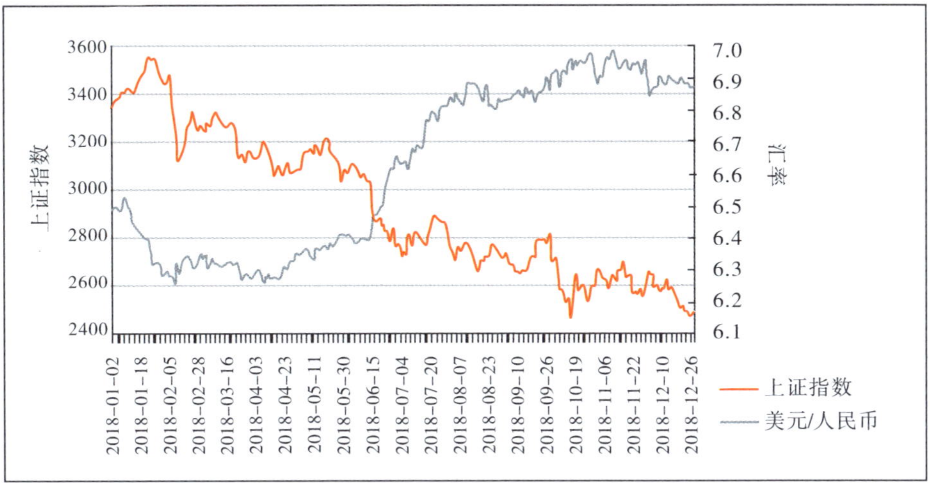

图1-3 2018年1—12月美元兑人民币汇率走势和上证指数走势

3.2019年1—9月美元兑人民币汇率走势和上证指数走势

如图1-4所示，2018年的股票市场大跌和人民币贬值后，2019年1月人民币贬值趋势开始改变，人民币开始升值并横盘到4月尾，而上证指数也开启了一波小牛市，2019年1—4月涨幅近30%。从4月18日开始，人民币又在短时间内快速贬值，上证指数也从4月22日开始大幅下跌调整，周期大概一个月。到了8月1日，人民币开始新一轮的快速贬值，上证指数也在8月1—6日大幅下跌，不同的是上证指数的下跌在8月6日见底，而人民币贬值趋势持续到了9月。

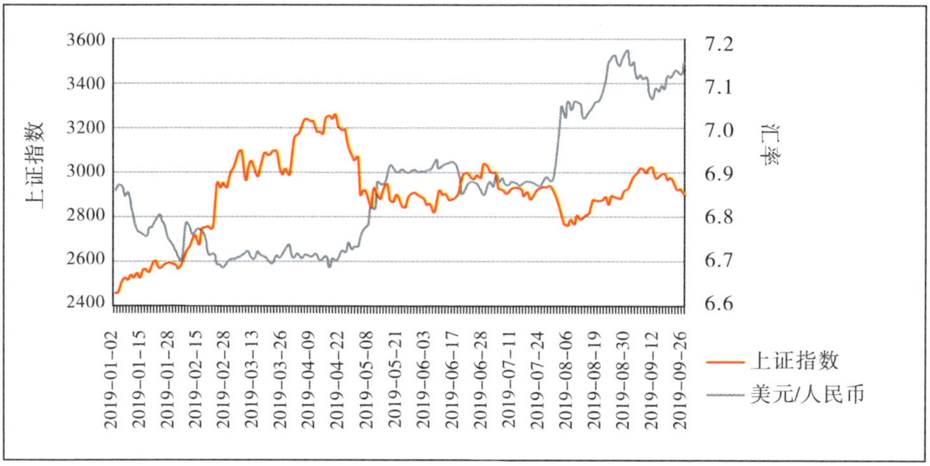

图1-4　2019年1—9月美元兑人民币汇率走势和上证指数走势

4.2020年4月—2022年4月美元兑人民币汇率走势和创业板指数走势

如图1-5所示，创业板指数波动相比上证指数更大，对比会更明显。可以看到人民币在两年内整体都是呈升值趋势，而创业板指数更是从1800点左右涨到了3600点左右，接近翻倍。从图1-5可以看到，创业板指数在人民币升值前就开始上涨了，汇率在2020年5月27日达到近几年的次高位7.1765，随后人民币开始持续升值，而股票市场也一路大涨。创业板指数在2021年2—3月有一轮大调整，这段时间人民币贬值。

到了2021年12月，创业板指数到达最高位转而开始下跌，汇率则是在横盘中，直到2022年4月末汇率才开始出现明显的贬值趋势。而这轮开始于2020年4月的大牛市，主要是新冠疫情导致全球“大放水”，且我国最早做好疫情防控、经济最先复苏，出口额大幅提升。在2021年我国GDP（国内生产总值）比2020年增长8.1%，经济表现强劲。由此可见，股市是经济的晴雨表，而汇率的走势反映了市场对经济的预期和投资者的情绪。

图1-5　2020年4月—2022年4月美元兑人民币汇率走势和创业板指数走势

汇率的走势在一定程度上反映了对经济的预期，诸如利差、货币政策等因素也会影响汇率，此处不再细说。就目前来看，大多数时候，我国股票市场趋势和汇率走势是负相关的，即汇率走低，人民币升值，股票市场呈现上涨趋势；汇率走高，人民币贬值，股票市场呈现下跌趋势。但股票市场和汇率走势又不是绝对相关的，股票市场也有自己的价值区间，股票估值过高，即使人民币升值，股票也会下跌；同样股票估值过低，即使人民币贬值，股票也不会再跌多少了，因此不是完全负相关。而且估值是相对的，资本是在国际范围内流动的，会流向预期获利更多的领域。

比如2022年2月24日俄罗斯与乌克兰发生冲突时，投资者就可以适当减仓或者调仓，原因是历史上较大的原油输出国冲突都可能会造成原油价格的大幅上涨，再叠加政治因素，能源价格大概率会飙升，从而造成很高的通胀率，大宗商品价格也会有所上涨。同时，在供应链不足的情况下，当时美国的通胀率同比上涨8%左右，可以预测在高通胀率的情况下美联储最终还是会选择大幅加息来解决通胀问题。

从2022年4月19日开始，美元兑人民币汇率短时间内大幅度上涨，人民币贬值幅度较大。在美元加息的大背景下，不只A股市场的表现很差，全球股市表现都不好。但因为通货膨胀，部分大宗商品涨价，生产这类商品的企业的业绩创新高，这部分股票也有所上涨。由此可知，每次大事件的出现，都伴随着风险和机会。汇率在很短的时间内大幅走高或走低，就需要投资者相应地减仓和加仓。比如2015年8月11日汇改后，两天内人民币贬值近3%，而后从2015年8月18日开始出现一波持续数天的千股跌停的股灾，如果能懂得这些情况及联想到可能产生的影响就能避免这类亏损。

最终影响外资流入或者流出的因素是预期收益率。因为每一个投资者的主观判断不同，产生的投资结果不同，最终集中表现在股票市场的走势上。更直观地说，是投资者的情绪决定了是否买卖股票和买卖资金的大小。无论是汇率还是市场估值等其他因素，都只是影响投资者情绪的因素之一，所有投资者的情绪最终会在股票市场上通过走势表现出来。

股票市场波动的本质就是投资者情绪的变化引起资金的流动。投资者的情绪可以通过两种不同的方法来判断。

方法一：通过各种因素来主观判断。

比如人民币持续大幅升值，导致外资大幅流入中国股票市场，就会有很大的概率推高股市，是利好信息，这时投资者情绪更倾向于买入，股票有更大的概率会上涨。

方法二：根据趋势来判断。

如果整体投资者情绪更倾向于买入，那么股市会呈上涨趋势，在上涨趋势确立的时候再顺势买入。

两种方法各有优劣，方法一是根据主观判断提前操作，很依赖投资者的能力，难度巨大，如果投资者能力不足，亏损也是巨大的。方法二是根据趋势被动操作，其缺点是由于不能提前做出判断，需要等待趋势确立，而得不到最大收益。优点是操作简单，易于理解，不需要主观判断，而且是顺势而为，亏损程度也十分有限，非常适合普通投资者，这也是本书的核心。

二、影响内资流入股市的因素

笔者认为，影响国内的资金流入或者流出股市的主要因素有三个：

（1）国内货币政策的改变导致货币供应量的增加或减少。

（2）利率的变化影响股票收益预期的变化。

（3）大盘走势形成的资金博弈。

1.货币市场的“放水”或“收紧”

货币政策有降息降准、逆回购、中期借贷便利（MLF）等。不同的货币政策造成的影响深度或者时效都不同。一般情况下，货币“放水”后，资本市场的资金就多了，可以流入股票市场的资金也多了。但资金未必会立即流入股票市场，因此货币政策造成的影响是滞后的而不是即时的。

比如中央银行降息0.25个基点，那么股票市场在随后的一个月或者更长的时间内就会发生改变吗？答案是否定的。在2015年股灾发生的时候中央银行一再降息，并用其他方式“放水”，也难以阻挡股票市场大跌。在股票市场存在某种大趋势的情况下，货币政策的影响是有限的，影响程度要看政策的强度，并且对股市的影响难以量化、影响过程缓慢。

又如中央银行大幅加息，资金存银行的利息高了，国债或者其他的收益也高了，有一部分趋向稳定收益的人就会减少股票市场的投资，导致部分追求稳健的股票市场资金的流出。其影响周期也比较长。因为中央银行加息降息的影响较大，所以一般情况下中央银行使用加息降息的次数有限，对股市整体走势的影响不会很大，除非是大幅度加息或降息，并且后续还会进一步加息或降息，才会影响股票的走势。

国内历次加息降息的幅度都不是很大，而且很难看出相关性。但是在极端情况下是需要加以考虑的，比如2013年6月，短期内“钱慌”导致利率飙升，从而导致股票指数大幅下跌。2013年6月20日，银行间隔夜拆借利率上涨到13.44%，而后上证指数在6月24日暴跌5%，6月25日盘中跌幅也一度超过5%。利率是会影响整个经济市场的，国内对这个工具的使用很谨慎，只有在迫不得已的时候才会使用。

2.大盘走势的影响

大盘走势是所有因素中最重要的，它是所有因素综合表现的最终结果，也是所有人进行下一步股票买卖的重要前提。通常，大盘跌时大多数股票是跌的，大盘涨时大多数股票是涨的。特别是在熊市或者牛市时，大盘涨跌幅较大，股票涨跌表现得更加明显。因而股票仓位的多少可以根据大盘或者个股的趋势来适当增减。这也是这本书的核心理论，根据大盘趋势或者个股趋势来进行同方向的操作，即上涨趋势买入，下跌趋势卖出，顺势而为。

大盘走势或者个股走势是市场上所有人共同博弈的结果——投资市场是由人决定的，途径是资金的买卖，把各人的想法表现在市场上，最终形成市场的走势。

走势整体可以分为横盘状态、中长期的上涨趋势和下跌趋势三种。趋势一旦形成，改变趋势的成本便是巨大的。在这种情况下，会有更多观望者的资金会顺从趋势买入或卖出，进一步强化趋势的走向，直到多空平衡，再转到下一个趋势。

趋势和情绪是相互影响的，比如牛市的时候，股票市场一直上涨，场外的投资者看见有赚钱的机会，多会表现得亢奋和盲目乐观，主动买入的人越来越多，股票市场也越涨越猛，直到所有能进的资金都进了，成交量持续加大，达到高峰。随着股票市场资金逐渐饱和，股市上涨的趋势停止，开始有人慢慢主动卖出，趋势有下跌的倾向，因而越来越多的人主动卖出，股票市场下跌。随着悲观的情绪蔓延，股票市场加速下跌，最终绝大多数想卖的资金都卖了，股市成交量萎缩，主动卖出的资金大幅减少，股市开始止跌，出现反弹上涨的倾向，资金再次进入市场，股票市场开始多空平衡横盘或者因资金净流入而上涨，周而复始，形成一个个上涨下跌的周期。

需要注意的是，大趋势需要较大的资金力量才能改变，而小趋势很容易发生变化。本书所讲的趋势投资策略的判断依据之一是中长期的趋势，可忽略短期的趋势或者小波动。

影响国内资金流入股市的因素很多，分析起来非常困难。汇率的变化有数据查询，可以进行一定的推测，但是许多其他因素无法通过具体的数据来量化，而在上面两个因素当中，又只有大盘走势具有一定的参考意义，可以通过成交量和趋势的变化来预测下一步大盘的走势。

从各因素的变化来预测股市的整体走向难度非常大，非常依赖主观判断和个人能力，不适用于大多数人。相对地，根据趋势走向来预测大盘的走势却相对容易，因为它最终会表现在走势上，可以通过一定的方法进行预测或者用一些合理的策略使投资更加安全。

第二节　影响个股的资金因素

相对大盘的资金来说，个股的资金少得多，从而波动更大。流通市值越大的个股受到操纵的可能性越小，流通市值小的个股则很容易受到大资金的影响。小盘股会突然出现连续涨停或者跌停的情况，就是因为小盘股流通性差、市值小，相对较多的资金就足以影响个股走势。和影响大盘的因素不同，个股资金的流动会随着投资者的情绪变化而发生巨大的改变。

这里用一个简单的逻辑推理来解释股票波动的根本原因。假设某一只股票当前没有发布任何新的信息或者相关行业没有发生较大的变化，其股价却时刻在波动，有时甚至大幅上涨或者大幅下跌。这家企业这段时间的盈利能力没有发生任何变化，其市值却发生了大幅变化，究其原因还是投资者的情绪波动影响了股票的买卖和资金的流动，而其他因素是促使投资者产生情绪变化的原因。业绩、政策、炒作、趋势、牛市、熊市等非常多的因素影响了投资者的情绪，从而影响了股票的买卖。

这里需要纠正部分投资者对股票市场的认知，股票市场波动的本质是投资者情绪的变化引起资金的流动。其他因素只是影响投资者情绪的非常重要的因素，而不是全部因素。所以我们有时会看到垃圾股在某段时间一直涨，而业绩好的价值股却在某段时间一直下跌。

一、投资者的情绪

部分价值投资者应该要意识到这一个问题，即价值并不是股票涨跌的唯一评判标准，还有其他很多的因素影响股票涨跌，根本原因是投资者的情绪在变化。所有投资者情绪的变化都会综合表现在股票的走势上，而且这种走势往往是具有趋势的，区别只在于趋势的长或短，即趋势的周期不同。也就是说，在所有的因素当中，趋势最重要，无论是业绩、估值还是其他的因素都要排在趋势的后面。任何金融的投资都是人在投资，注定人性的各种情绪都会表现在市场上，从而出现极端情况，超越正常人的认知。

二、股票的走势

普通人买卖股票应该顺势而为，而不是低买高卖。绝大多数人会因为认知的局限做不到精准的低买高卖，即使强如股神巴菲特，他在很多时候也不可能做到在最低点买，最高点卖，也会被套。巴菲特在更长的时间维度中看到了行业或者企业未来的发展前景，看到了发展趋势，从而坚定持股，普通人都能有这样的认知吗？你抄的底不一定是其他人认可的底部，同样你认为的高并不一定是这个市场最终的高，股市可能比你所想的更疯狂（比如2007年的牛市，上证指数从1000点左右上涨到6000多点，涨幅超过500%，然后又从6000多点跌到1600点左右，跌幅超过70%。在股市里，投资者是非理性的，从而出现超越投资者认知以外的上涨或者下跌幅度）。

分析各种因素从而预判投资者的情绪变化和可能发生的资金流动，从而预测股价的波动是一件非常困难的事情，这极度依赖主观判断和个人能力，人与人之间会产生巨大的投资收益差异。投资的确需要敏锐眼光、主观判断，但是这里有一种更安全、更合理的做法——根据主观判断选股，根据趋势买卖股票。所有的因素最终会显现在股票的走势上，根据趋势虽然不能做到完全的低买高卖，但顺势而为，在小趋势上可能会产生小损失，在大趋势上则能获得巨大的收益，足以弥补小趋势上的亏损，从而在一个长时间的投资维度中实现股票投资的正收益。

普通投资者应该根据趋势买入或卖出股票，这是最重要的，是排在操作顺序第一位的，而其他的因素如业绩、估值、预期等，是次要的因素。

普通的投资者需要主观判断和思考，更需要以趋势投资作为第一买卖基础。本书的趋势投资策略是完全客观的，是笔者总结自己10多年的深刻股市经验得出来的适应性很强的实战方法，能够很好地解决投资者能力和经验不足的问题。

在金融市场里，存在即合理，哪怕它颠覆你的常识，只要你顺着上涨趋势买、下跌趋势卖，它就无法打击你。

本章总结

股票市场波动的本质是投资者情绪的变化引起资金的流动。我们需要分析各种因素对投资者情绪的影响，预测股票市场的走向。又因为需要分析的因素过多且依赖主观判断，这种方法实施起来难度非常大，普通投资者往往因为能力不足很容易判断失误而造成巨额亏损。

所有投资者的情绪变化都会在股票走势上显现，而走势往往会形成一定的趋势，从而可以依靠趋势的走向来判断投资者情绪的变化，根据趋势来进行买卖——上涨趋势买入，下跌趋势卖出，顺势而为。这是一种客观的投资方法，能够避开前一种方法带来的各种困难。

第二章

趋势投资策略及其应用

趋势投资策略对很多金融产品都有很大的用处，其可以用于股票、期货、汇率等金融投资类产品。但是不同的金融产品，所涉及的趋势周期可能不同。

本章第一节通过三个例子来说明趋势投资策略在某些极端情况下能发挥出远超主观判断的作用。金融市场终究是人的市场，人性是难以预测的，有时可能会超出人们的正常认知，导致主观判断失效，而趋势投资策略可以预防这种情况。趋势投资策略认为存在即合理。根据实际趋势来操作，不需要考虑可不可能发生，它默认可以接受任何事情的发生。

第二节和第三节分别介绍趋势投资策略及其在指数和个股上的应用。个股的走势是由所有因素合力形成的，而指数的走势是其中的一个重要影响因素，已反映在个股的走势中，因此，一般情况下，投资者可以根据个股趋势投资策略来操作。这里特意介绍指数趋势投资策略，主要是为了说明如何应对指数大幅上涨后的情况，如大牛市后面往往容易出现大熊市，此时绝大多数股票是大幅下跌的，需要降低仓位来应对。而一般情况下指数的波动是没有这么大的，使用个股趋势投资策略就已经足够了。

第一节　极端案例下趋势投资策略及其应用

一、原油期货负价格事件

2020年受新冠疫情的冲击，原油需求大幅减少，供应过剩。2020年

4月20日，纽约商业交易所（NYMEX）WTI5月原油期货结算价收报-37.63美元/桶，历史首次收于负值，也就是说你把原油给别人，你还要每桶倒贴37.63美元。许多做多原油期货的投资者产生巨额亏损，被迫爆仓。不少在油价很低的时候抄底做多的投资者可能要倾家荡产，而那些顺着中长期趋势做空的人却赚得盆满钵满。

图2–1是2020年1—9月美原油连续价格日K线走势图。以这个美原油连续价格为例，只做趋势交易，当收盘价跌破60日均线时做空，当收盘价涨超60日均线时做多（白色线为60日均线）。

圆圈1：在2020年1月21日收盘价跌破60日均线时做空美原油，价格为58.24美元。

圆圈2：在2020年5月15日收盘价涨超60日均线时平仓，价格为29.65美元，做空利润约为30美元/桶。

圆圈3：在2020年5月15日价格涨超60日均线临收盘的时候做多，直到2020年9月4日跌破60日均线时平仓，价格为39.51美元，做多利润约为10美元/桶。

该方法很简单，不需要高深的学问。

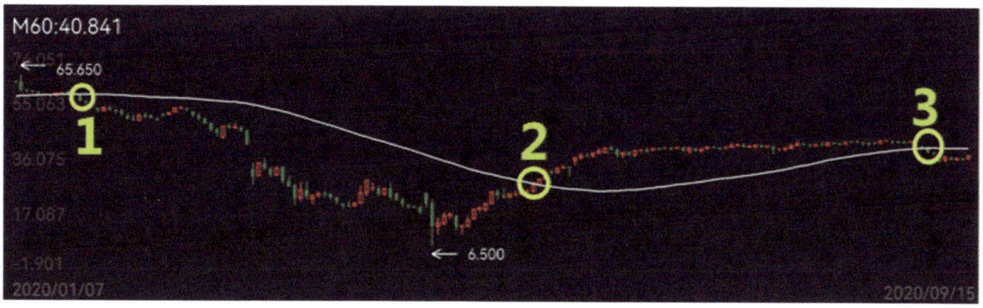

图2-1　2020年1—9月美原油连续价格日K线走势图

2020年5月美国纽约原油期货价格为什么为负？有人认为是原油储存爆满，导致储存成本过高甚至超过原油价值使得期货价格为负。这纯粹是无稽之谈。主要原因还是期货被人为地恶意做空、操控，再加上投资者情绪、被迫平仓等因素恶性叠加。遭受损失的只是那些没有交割和储存能力的普通投资者。后来经过调查发现，原因是一群英国交易员涉嫌操纵原油市场价格，通过恶性抛售大量的WTI原油期货合约来获利。交易数据显示，他们在2020年4月20日临收盘的半小时内平均每分钟抛售153.5份合约，占全球市场总交易量的29.2%。

投资者进入金融市场就必须认识到一个事实：市场走势并不取决于价值本身，而是取决于你的对手，取决于绝大多数投资者的合力。正如比特币刚开始一文不值，可是当有人接盘，变得有利可图时，它就变成了资本狂欢的工具。东西无法创造价值则只是零和博弈，赚的是别人亏损的钱。股票市场大多数时候也是一样，价值并不是唯一标准，只要有人博弈的地方就不是理性的，股票市场是一个由情绪主导的非理性市场，它所展现的疯狂超过人们的想象。因此，用正常的思维来思考股票有些时候会让人吃大亏，而趋势投资策略能避免这种情况。

二、罗斯柴尔德家族抄底债券

1815年6月18日，拿破仑指挥的法军和英国将军惠灵顿指挥的反法联军在滑铁卢大战。黄昏时分，反法联军掌握了战场主动权，法军败局已定，情报人员以最快的速度把消息告知内森·罗斯柴尔德。但是他没有大量买进英国国债，而是反其道而行，让交易员大量抛售英国国债。因此，英国国债价格开始下跌，下跌得越多越有人跟随抛售。几个小时后，英国国债几乎变得一文不值，在这时内森又让交易员大量买进英国国债。2天后，英国军队获胜的消息传到伦敦的交易所，此时，罗斯柴尔德家族因持有大量的英国国债而成了英国政府最大的债权人，从而控制了大英帝国的经济命脉，一夜暴富。在这里有两个关键点。

关键点一：内森主动大量抛售英国国债，其他人跟风抛售，使得英国国债价格大幅下跌。

毫无疑问，内森的行为会让其他投资英国国债的人产生一种心理：可能有人提前知道了英国联军战败的消息，从而跟风卖出。这反映到股票市场就是某个股票有大量资金买入或者卖出，形成了上涨或者下跌趋势，后续的投资者跟风买入或者卖出，从而造成股票的暴涨或者暴跌。这种行为被称为“羊群效应”，即股票市场上没有自己预期或者一手消息的投资者会根据其他投资者的行为来改变自己的行为。大资金就相当于这个羊群的头羊，只要大资金动起来，后面的小资金就会一哄而上。

比如，2014年，贵州茅台的估值仅仅只是10倍市盈率（P/E），突然间大资金都说贵州茅台好，它的现金流极好、毛利率又高、分红高、成长性好等，各路资金都抱团买白酒股，这时的贵州茅台的估值到了40倍甚至是50倍P/E。从估值来说，这贵吗？贵，可是存在即合理，头羊没动，其他小羊自然没有跟风，股价自然不会跌下来。

为什么以前茅台估值是10倍P/E的时候没人买，反而在40倍P/E的时候很多人买呢？就是因为股票市场存在羊群效应，股票很容易在大资金的带领下形成大趋势。而一旦大量持股的前几个资金开始卖出，羊群自然就散了，估值就跌下来了。所以，在股票市场里，资金钟爱的行业一直在变化，而如何变化取决于资金量大的各类机构和基金，他们是头羊，是市场的风向标。

关键点二：内森最先获得消息。

这反映出股票市场的信息是不对称的，大机构会比绝大多数中小投资者更早地知道股市里的更多信息。因为大机构有更多专业的分析人员和情报人员，可以更快地知道与企业相关的真实情况，如企业的业绩、行业前景、政策的变化等，而在个股正式公布消息的时候，部分提前获知消息的大机构早已经进行买卖了，股价往往已经上涨或者下跌了，即股价已经反映了当前的信息。大机构并不是都能提前知道所有的消息，只是相对普通投资者来说，他们提前知道的会更多，因而有超出预期的业绩的相关利好消息时，个股会高开甚至连续涨停，反之亦然。

我们作为普通投资者如何和大机构做对手？还是那个核心理论，所有因素会综合表现在股票走势上，只需根据趋势买卖即可。大资金往往体量大，难以做到随时买入卖出，只能做中长线。即使大资金知道股票要下跌了，也难以一下子卖出去，需要花费相当长的时间或者承担较大的成本。因为普通投资者资金体量小可以随时进出股票市场，能够及时跟随趋势买卖，所以普通投资者适合顺势而为。如果能够给当时英国国债的价格像股票这样制作出分时图，那么普通投资者自然可以在跌破趋势线的时候卖出，同时在涨超趋势线的时候买入，只是这种周期需要小时线或者更短的分时线作为趋势的参考标准。

三、2016年1月股市大跌

上证指数从2015年12月23日的最高点3684.57点下降到2016年1月27日的最低点2638.30点，最大跌幅超过1000点，跌幅近28%。这次大跌是中国证券监督管理委员会公告〔2015〕18号文（简称“证监会公告〔2015〕18号文”）即将到期引起市场情绪波动所致。在经历过2015年6月和7月的股灾后，为了维护股票市场的稳定，中国证券监督管理委员会（简称“证监会”）在2015年7月8日发布了证监会公告〔2015〕18号文，表示从7月8日起的6个月内，上市公司控股股东和持股5%以上股东及董事、监事、高级管理人员不得通过二级市场减持本公司股份。持续半年的减持禁令到期时，短时间内股票市场上可能出现集中且大量的减持，接下来一段时间股票市场极大概率是下跌的。

毫无疑问，普通投资者的想法会是减仓避险，市场一致性看空。在这样多重利空叠加的情况下，投资者情绪就会更加悲观，当真正的大跌出现后，还没卖出的投资者甚至会产生恐惧情绪，从而导致市场短时间内的非理性大幅下跌。当时还叠加了熔断政策的影响，使得股票市场走势更极端。

减持禁令即将到期，为了防止股市的大幅波动，国内引入熔断机制。2016年1月4日（图2–2）和1月7日（图2–3）中国股票市场首次出现指数熔断的情况。引入熔断机制的初衷是很好的，但是作用不大，暴跌趋势难以阻挡。出现这一类暴跌趋势的根本原因在于极端的市场悲观情绪。在金融市场里，信心比黄金更重要。美国股市已经相当成熟了，也有类似的熔断机制，但是面对类似的情况，熔断机制也是失效的。

比如，在新冠疫情开始扩大传播区域的时候，出于对经济衰退的担忧，美国道琼斯工业平均指数从2020年2月12日的最高点29568.57点下降到3月23日的最低点18213.65点，仅仅一个月最大跌幅达38.4%（图2–4），熔断机制的意义已经不复存在。

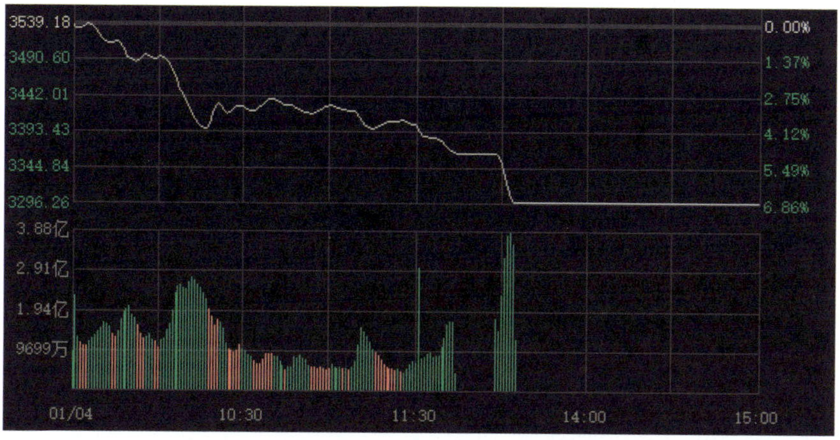

图2–2　2016年1月4日上证指数走势

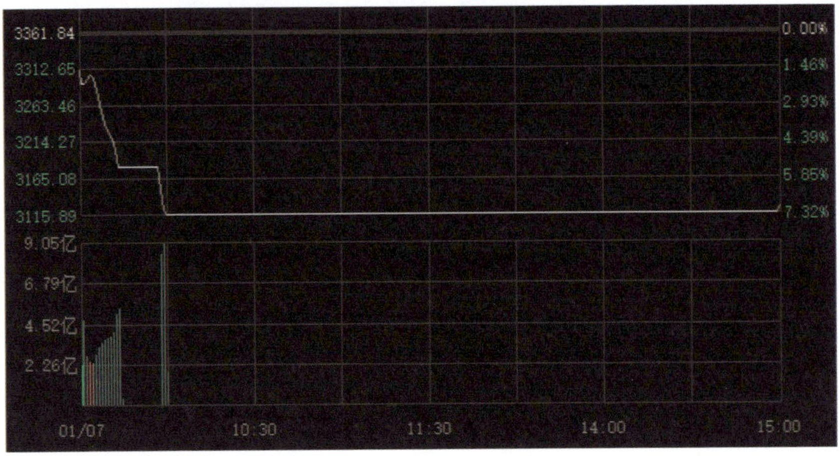

图2-3　2016年1月7日上证指数走势

图2-4　2020年2—3月美国道琼斯工业平均指数K线图

分析这次股灾，有三个需要关注的重点。

重点一：这类熔断机制形成的助涨杀跌。

制度不同，市场的做法也就不同。从图2–2和图2–3可以看到，上证指数在2016年1月4日和1月7日两日内共发生4次熔断，且第一档5%熔断后上证指数很快就跌到了第二档7%熔断，而且其间的成交量非常大，有非常多的资金瞬间卖出。之所以有熔断机制助涨杀跌的说法，是因为投资者产生了恐慌的情绪。

假设普通投资者或者基金机构需要预留资金防止赎回，在第一档5%熔断后，你会怎么办？大多数人是恐慌和焦虑的，因为从5%到7%只有2%的幅度，在5%选择不卖股票，那么跌到7%就卖不了了，第二天低开的概率更大，亏损更多，做杠杆的投资者也更加恐慌。大幅亏损还卖不了是最可怕的，熔断过后减仓观望是最优选择。当时大量资金在短时间内选择主动卖出，股票很快就到了熔断第二档，两天均是如此。

我们可以把这种熔断的时间或者熔断后收盘的停盘时间称为情绪发酵期。在无其他利好利空消息的情况下，指数的极端走势引起投资者在这段时间内的情绪蔓延、发酵，从而在第二天开盘的时候指数大概率会顺应趋势大幅低开或者高开。要在短期内改变趋势，需要影响力足够大的利好或利空消息来影响投资者情绪，像2016年1月7日晚证监会就发布了减持新规，因为有市场利好消息，短时间内投资者的恐慌情绪得到缓和，所以2016年1月8日的开盘市场高开2%。

同样的，在股票上这种类似的机制就是涨停或跌停，所以在这种机制下，个股涨停或跌停后无开板的时候，在收盘时无其他利好利空消息的情况下，第二天大概率会高开或低开。机制的好坏，我们很难评价，特别是对个股，如果没有这类熔断机制，股票跌的时候真的会一下跌到底。在无涨跌停板设置的股市里，也会出现一天跌90%多的股票，这对投资者心理素质要求很高。

重点二：减持。

正常情况下，针对整体股票市场的减持禁令很少发出。这次是由于股灾的出现，政府为了安抚市场情绪和减少这类资金的卖出而发布禁令。换到个股上也是一样的，一旦有大股东减持，第一时间应该减仓，卖掉这个股票。因为他们是最了解这家企业真实情况的人，减持不过是借口，不看好企业发展或者估值过高才是根本原因。

重点三：预防下跌。

对于许多普通投资者来说很难知道哪些因素会造成股市大跌，但还是有简单的做法，如采用趋势投资策略。图2–5是2015年12月22日—2016年2月17日上证指数K线图，蓝色线是60日均线，上证指数在2016年1月4日跌破60日均线（箭头1）。投资者只需在1月4日跌破60日均线时大幅减持股票就可以减少后面持续大跌导致的亏损了。

根据趋势投资策略来操作是最简单有效的，每一个普通投资者都能学会。此处不加以赘述，后文会有更详细的实际操作讲解。

图2–5 2015年12月22日—2016年2月17日上证指数K线图

第二节　指数趋势投资策略及其应用

现实生活中，无论是在经济市场还是在金融市场，产品都有上涨或者下跌趋势，而且因为不同的因素呈现不同的短、中、长期趋势，其归根到底，是因为周期性。

1.金融市场的周期性

生活中很多商品都有自己的经济周期，而个股会受经济周期的影响，业绩产生巨大的波动，经济周期等因素又影响整体的股市走势。如强周期的化工、煤炭、钢铁等，其必然会因为需求或者供给变化而经历繁荣、衰退、萧条、复苏四个阶段然后重新进入繁荣等阶段，周而复始。

繁荣阶段。周期的长短取决于经济的大环境。以煤炭为例，经济好时各方面对煤炭的需求巨大，供不应求，煤价高，利润巨大，因为利润大和需求大，企业扩大生产，新增矿井。因为新建煤矿要几年的时间，所以这期间整个行业会获得很高的利润率。

衰退阶段。当新建煤矿大量产出，产出增速大于需求增速时，煤炭价格开始下降，虽然供大于求，且利润处于下降趋势，但是这个阶段企业利润尚可。

萧条阶段。因为持续的供大于求，煤炭库存开始饱和，煤炭企业之间开始压价，煤炭价格大跌，行业亏损明显，越来越多的矿井被关闭，部分煤炭企业倒闭。

复苏阶段。因为行业亏损，部分煤炭企业退出，煤炭产量减少，供少于求，库存逐渐减少，煤炭逐渐开始涨价，煤企又开始盈利。

重新进入繁荣阶段。煤炭库存慢慢见底同时供不应求，煤炭价格开始大幅上升。

强周期行业的各个阶段大同小异，经济周期在市场经济的影响下是不可避免的，而且随着经济全球化，一旦大经济体发生经济危机，其影响也将是全球性的。

2.金融市场的趋势性

个股也会受到经济周期的影响而发生业绩的周期性变化，也会受到股市大趋势环境的影响。整体股票市场情况会综合各种因素通过大盘指数的走势显现出来，这种走势会有不同的周期趋势，最重要的是中长期趋势，本书所讲的趋势投资策略也以中长期趋势为基础。笔者认为大多数人是认可趋势的，而趋势是市场情绪一致性导致的。

经济市场和金融市场形成走势和周期的内因不一样，在经济市场中，商品的供需影响价格，在金融市场中，市场情绪影响价格。如大多数企业在中短期内的经营情况是没有明显变化的，其股价却时刻在变化，是因为人的情绪在变化。因而市场情绪是股票波动的根本原因，而业绩只是催化市场情绪的一个重要的因素，这就解释了为什么很多时候那些业绩好估值低的股票不涨反跌，而那些业绩差估值高的股票却在一段时间内涨得很厉害。

市场情绪会影响股票走势，原因在于金融市场中投资者的目的是赚钱，任何一个可以投机的市场里都会有人买卖，如有炒房的、炒比特币的，甚至以前还有炒郁金香的，无论其是否有价值，只要有利可图，有赚钱效应就会有人参与。因而就会出现这样一种情况，当股票市场出现上涨趋势，产生赚钱效应时，会有越来越多的资金进入股市，从而延长这一个上涨趋势的时间；当股票市场出现下跌趋势，产生亏钱效应时，会有越来越多的人选择卖出股票，手持现金，等待机会，从而延长这一个下跌趋势的时间。

股票又存在合理估值，股价涨跌会围绕这个合理估值出现高估或者低估的情况。各个投资者会在上升趋势中在自己认为是顶部的地方卖出，在下跌趋势中在自己认为是底部的地方买入。各投资者的买卖综合反映在股市上形成短、中、长期上涨或者下跌趋势。这就和人们在房价上涨的时候抢着买房、房价下跌的时候观望的道理是一样的，其本质还是受情绪影响，房价上涨时买房能赚钱，房价下跌时买房亏本。

股票市场也是一样的，但是股票市场的长期趋势不容易形成，基本上好几年才有一次大趋势，2007年、2015年、2020年的三波大牛市都属于大趋势，更多的时候是中小趋势。笔者提出的趋势投资策略以中长期趋势为主。根据趋势操作股票必然会出现一个问题，即出现明显趋势的时候会赚大钱，而不明显的短趋势下会有小亏损，但是亏损幅度很小。下面将以创业板指数走势为例，进行一次模拟复盘（选取创业板的原因是上证指数的波动相对小，而且不具代表性，其走势只代表了银行、证券、基建等大市值企业的走势，不能很好地体现小市值股票，而创业板指数比深证成指波动更大，趋势投资策略更适合有较大波动变化的股票）。

一、指数趋势投资策略的操作原则

根据金融市场的周期性和趋势性，笔者制定了指数趋势投资策略，具体操作方法如下。在趋势线应用上使用均线，5日、10日均线为短期均线，20日、30日均线为中期均线，60日均线为长期均线。整体上根据中长期趋势进行加减仓，具体有4个操作原则。

下文操作原则里的“0.5%”可以这样理解：比如60日均线是1000点，那么-0.5%就是995点[1000×（1-0.5%）]，也就是要跌破60日均线下方0.5%的位置才减仓，同样，上涨时，需要上涨超过60日均线上方0.5%的位置，即60日均线是1000点，就在指数突破1005点的时候买入。这样设置的原因是，指数有时会在均线上反复波动，但是波动幅度很小，如果跌破均线就卖，涨超均线就买会造成操作过多，增加交易成本，这个数值设置出来后，就可以防止不是真正跌破均线或者超过均线的情况出现。而设置0.5%的阈值是因为指数波动0.5%已经是很大的波动了。

原则一

当指数跌破60日均线下方0.5%时开始空仓，当指数涨超60日均线上方0.5%时满仓。

原则二

当指数在短时间内大幅上涨后，指数开始跌破30日均线下方0.5%，且30日均线和60日均线差值超过5%时，先减五成仓，留五成仓观望，若后续再次站上30日均线则加剩下的一半仓；若后续跌破60日均线下方0.5%，再清仓观望。这里主要还是看60日均线与30日均线的差值，因为指数暴涨，60日均线反应会滞后，如果等到指数跌破60日均线时再减仓，指数已经大幅下跌了。指数暴涨到顶后经常出现迅速暴跌的情况。笔者选择30日均线和60日均线差值为5%，是为了保证利润，继续上涨的话还有一定仓位，可以增厚利润；而因为提前在30日均线减仓，即便继续跌破60日均线也能保证利润，进可攻退可守，避免孤注一掷。设置5%的差值是以60日均线为参考的，比如60日均线是1000点，30日均线是1050点，则刚好为5%的差值。

原则三

指数跌破30日均线下方0.5%，触发原则二时，都是5日均线在30日均线之上，是从上涨趋势转下跌趋势，为空方情绪，但是像2013年6月27日创业板的情况，5日均线还在30日均线之下，且是创业板指数冲击30日均线后受压力回落，整体处于从下往上走的趋势，有5日均线支撑，为多方情绪，在这种情况下应持股不变。若后续是继续下跌的趋势，则等待跌破60日均线下方0.5%，触发原则一再清仓；若后续是上涨趋势，5日均线最终会超过30日均线，则继续用原则二，待下一次触发原则二再减半仓。

原则四

当指数涨超60日均线上方0.5%买入后又跌穿60日均线，而还在其他5日均线、10日均线、20日均线、30日均线任一均线之上时，可以持股不卖，等后续跌破所有均线再清仓卖出，选择最低一条均线的－0.5%位置卖出。

二、指数趋势投资策略的应用

笔者以2012年12月开始的创业板指数走势为例，用指数趋势策略进行一次复盘操作。假设本金为10000元；假设创业板指数和股票操作一样，按照股票买卖的成本算每次卖出产生千分之一的费用，买入不算费用（这里主要是算印花税），按上面的4项原则进行交易，当天只交易一次买卖，不反复买卖，以全部现金买入计算，资金只算整数，四舍五入。另外，为方便计算和参考，按收盘后的价格算30日均线和60日均线的价格，因为它们的周期相对较长，影响不明显。需要注意的是5日均线周期短，价格波动大，实际上在盘中符合买入条件时的5日均线价格与收盘时的5日均线价格相差较大，数值不一样。

创业板指数K线图分析一

2012年12月19日—2013年4月1日创业板指数K线图具体操作见表2-1。

表2-1　2012年12月19日—2013年4月1日创业板指数K线图具体操作

时间	具体操作
2012年12月24日（图2-6箭头1）	创业板指数涨超60日均线上方0.5%，为672.63点，全仓买入10000元
2013年3月13日（图2-6箭头2）	创业板指数跌破30日均线下方0.5%的价位823.67点，且30日均线和60日均线差值超过5%，触发原则二，所以在价位823.67点减仓一半，持股价值6122元，扣除手续费后现金6116元
2013年3月14日（图2-6箭头3）	创业板指数上涨到30日均线0.5%以上的价位834.77点，触发原则二，买入剩下的6116元，持股价值变为12320元
2013年3月19日（图2-6箭头4）	创业板指数跌破30日均线下方0.5%的价位833.41点，30日均线和60日均线差值超过5%，触发原则二，卖出一半仓位，持股价值变为6150元，现金6144元
2013年3月20日（图2-6箭头5）	创业板指数上涨到30日均线上方0.5%的价位844.55点，触发原则二，买入剩下的6144元，持股价值变为12376元

2012年12月19日—2013年4月1日创业板指数K线图见图2-6。

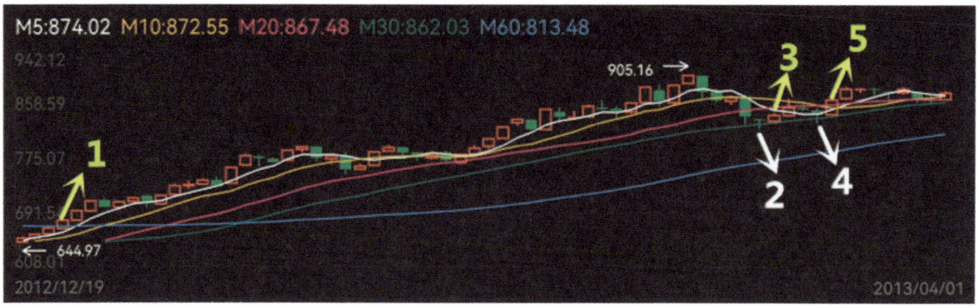

图2-6　2012年12月19日—2013年4月1日创业板指数K线图

创业板指数K线图分析二

2013年4月2日（图2–7箭头1），创业板指数跌破30日均线下方0.5%的价位858.57点，触发原则二，卖出一半仓位，持股价值变为6291元，现金6283元。2013年4月8日创业板指数跌破60日均线，但是没有达到跌破均线下方0.5%的标准。设置一定的百分比数值可以防止一些假跌破或者假突破，缺点是损失了额外的0.5%。这个百分比数值无法设置得完美，只能依各人所能承受的波动程度而设置。任何情况都会在市场发生，指数“深V”或者冲高回落会导致很多人判断错误而损失较大。本书假设大家都是普通的投资者，预测不到股价未来的走向，只能根据股票实际走势按照一定的原则来进行买卖。

2013年4月16日（图2–7箭头2），创业板指数跌破60日均线下方0.5%的价位828.28点，触发原则二，把剩下的五成仓位卖出，持现金12346元（6063元+6283元=12346元）。

如图2–8所示，2013年4月16日这一天是假跌破60日均线。当天仅仅是开盘价跌破60日均线，然后整体低开高走。真实的市场每时每刻都在博弈，当早盘价跌破60日均线的时候普通投资者是不知道指数接下来的走向的，是继续低走大跌还是会受到支撑反弹，难以预料，因而只能按照原则卖掉。虽然这一次卖亏了，但是当下一次低开低走大跌的时候提前卖掉，会相应减少很多亏损，所以不必纠结当前亏钱的情况。每次的情况都不一样，必须每一次都要按照自己制定的原则进行买卖。

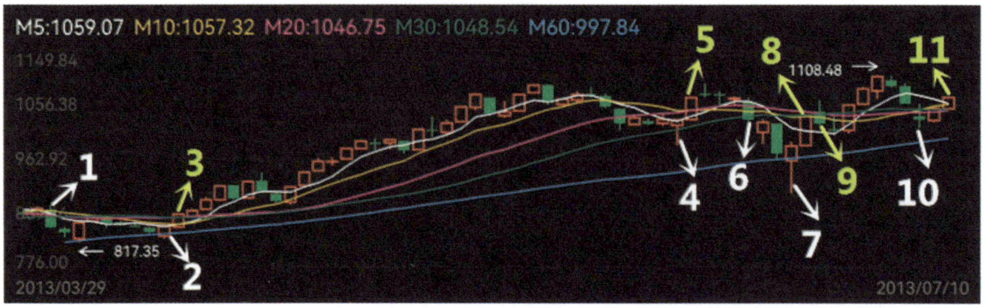

图2-7 2013年3月29日—2013年7月10日创业板指数K线图

2013年3月29日—2013年7月10日创业板指数K线图具体操作/分析见表2-2。

表2-2 2013年3月29日—2013年7月10日创业板指数K线图具体操作/分析

时间	具体操作/分析
2013年4月17日（图2-7箭头3）	创业板指数开盘价直接在60日均线0.5%以上，触发原则一，开盘直接满仓买入，指数价位为845.09点，持股价值变为12346元
2013年6月13日（图2-7箭头4）	创业板指数跌破30日均线下方0.5%的价位1007.31点，且30日均线和60日均线差值超过5%，触发原则二，卖出半仓，持股价值变为7358元，现金7351元
2013年6月14日（图2-7箭头5）	创业板指数直接在30日均线0.5%以上的地方高开，触发原则二，开盘买进剩下一半仓位，指数开盘价为1029.93点，持股价值变为14874元
2013年6月20日（图2-7箭头6）	创业板指数跌破30日均线下方0.5%的价位1030.79点，且30日均线和60日均线差值超过5%，触发原则二，减仓一半，持股价值变为7443元，现金7436元
2013年6月25日（图2-7箭头7）	创业板指数继续跌破60日均线下方0.5%，指数为958.31点，触发原则二，把剩下的一半仓位卖出，持现金14349元
2013年6月26日（图2-7箭头8）	创业板指数开盘直接在60日均线0.5%以上，为984.94点，触发原则一，全仓买入，持股14349元

续表

时间	具体操作/分析
2013年6月27日（图2–7箭头9）	创业板指数盘中涨超30日均线上方0.5%又在下午跌破30日均线下方0.5%，出现了特殊情况，之前跌破30日均线下方0.5%时，都是5日均线在30日均线之上，是从上涨趋势转下跌趋势，为空方情绪。6月27日的5日均线还在30日均线之下，且是冲击30日均线后受压力回落，整体处于从下往上走的趋势，为多方情绪，符合原则三，在这种情况下持股不变。出现这种情况的原因是指数短时间内急跌后再度上涨，导致5日均线短期走低而在30日均线的下方
2013年7月8日（图2–7箭头10）	创业板指数开盘直接跌破30日均线下方0.5%，且30日均线和60日均线差值超过5%，触发原则二，开盘直接减半仓，开盘指数为1035.94点，持股7546元，持现金7538元
2013年7月10日（图2–7箭头11）	创业板指数涨超30日均线上方0.5%，为1053.78点，触发原则二，买入剩下的一半仓位，持股15214元

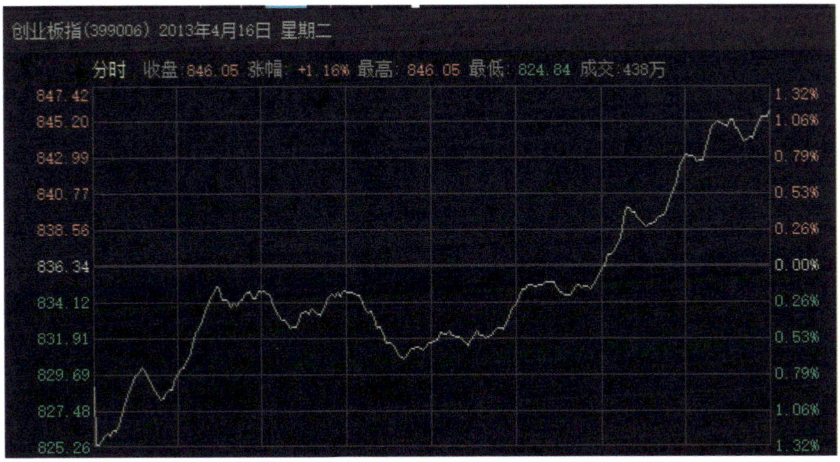

图2–8　2013年4月16日创业板指数K线图

创业板指数K线图分析三

2013年7月10日—10月18日创业板指数K线图具体操作见表2–3。

表2-3 2013年7月10日—10月18日创业板指数K线图具体操作

时间	具体操作
2013年9月2日（图2-9箭头1）	创业板指数跌破30日均线下方0.5%，为1177.80点，且30日均线和60日均线差值超过5%，触发原则二，减仓一半，持股8502元，持现金8494元
2013年9月3日（图2-9箭头2）	创业板指数开盘在30日均线0.5%以上，为1217.77点，触发原则二，买入半仓，持股17285元

2013年7月10日—10月18日创业板指数K线图见图2-9。

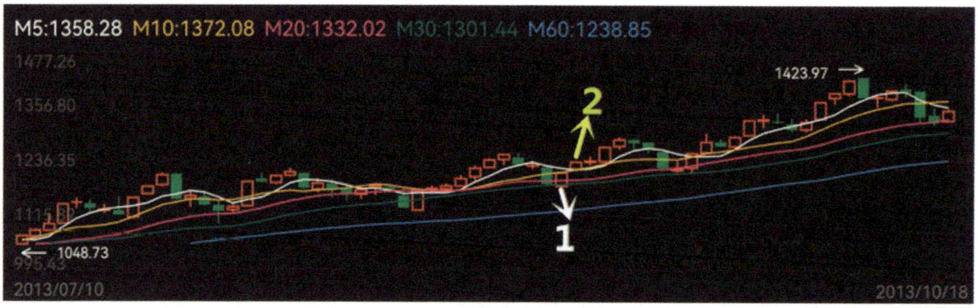

图2-9 2013年7月10日—10月18日创业板指数K线图

小结

可以看到在大涨趋势下，用笔者的趋势投资策略基本没有多余的操作，普通投资者能够充分享受上涨带来的收益。

创业板指数K线图分析四

2013年10月18日—2014年2月14日创业板指数K线图具体操作见表2-4。

表2-4　2013年10月18日—2014年2月14日创业板指数K线图具体操作

时间	具体操作
2013年10月23日（图2-10箭头1）	创业板指数跌破30日均线下方0.5%，为1309.56点，且30日均线和60日均线差值超过5%，触发原则二，减仓一半，持股9294元，持现金9285元
2013年10月29日（图2-10箭头2）	创业板指数跌破60日均线下方0.5%，为1250.57点，触发原则二，卖出剩下的半仓，持现金18151元
2013年10月30日（图2-10箭头3）	创业板指数涨超60日均线上方0.5%，为1265.42点，触发原则一，满仓买入，持股18151元
2013年10月31日（图2-10箭头4）	创业板指数跌破60日均线下方0.5%，为1254.65点，触发原则一，全仓卖出，持现金17979元
2013年11月6日（图2-10箭头5）	创业板指数涨超60日均线上方0.5%，为1271.14点，触发原则一，全仓买入，持股17979元
2013年11月7日（图2-10箭头6）	创业板指数开盘即跌破60日均线下方超0.5%，为1234.24点，触发原则一，开盘全仓卖出，持现金17440元
2013年11月15日（图2-10箭头7）	创业板指数涨超60日均线上方0.5%，为1276.94点，触发原则一，全仓买入，持股17440元
2013年12月2日（图2-10箭头8）	创业板指数跌破60日均线后，又先后跌破20日均线和30日均线超过0.5%，无中短期均线支撑，触发原则四，在跌破最低均线30日均线下方0.5%时全仓卖出，为1266.47点，持现金17280元
2013年12月26日（图2-10箭头9）	创业板指数涨超60日均线上方0.5%，为1292.82点，触发原则一，全仓买入，持股17280元
2013年12月27日	创业板指数跌破60日均线下方超过0.5%，但是还有其他短期均线支撑，符合原则四，所以继续持股不变

2013年10月18日—2014年2月14日创业板指数K线图见图2-10。

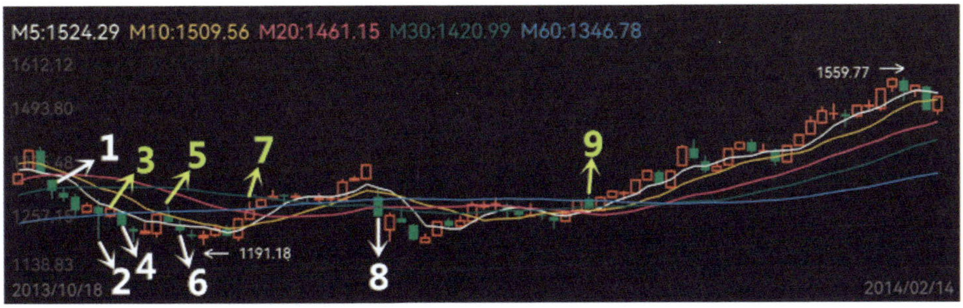

图2-10　2013年10月18日—2014年2月14日创业板指数K线图

创业板指数K线图分析五

2014年2月17日—7月7日创业板指数K线图具体操作/分析见表2-5。

表2-5　2014年2月17日—7月7日创业板指数K线图具体操作/分析

时间	具体操作/分析
2014年2月25日（图2-11箭头1）	创业板指数跌破30日均线下方0.5%，且30日均线和60日均线差值超过5%，为1461.24点，触发原则二，减仓一半，持股9766元，持现金9755元
2014年2月27日（图2-11箭头2）	创业板指数涨超30日均线上方0.5%，为1479.12点，触发原则二，买入剩下的半仓，持股19640元
2014年2月28日（图2-11箭头3）	2月27日下午，创业板指数大幅跳水，28日开盘比30日均线低很多，开盘离60日均线仅仅只有2%的差值，和原则二的初衷相差甚远。为防止指数大幅上涨后的急速下跌，30日均线和60日均线差值过大，若等待指数跌破60日均线会吞噬之前出现很大的涨幅时所做的预防措施。像这种开盘大幅跌破30日均线，且很接近60日均线的情况普通投资者可以选择持股不变。在这种情况下卖出，等后面涨超30日均线再买回会造成成本大幅提高，宁愿等待指数多跌一点，跌破60日均线后再一并卖出
2014年3月11日（图2-11箭头4）	创业板指数跌破60日均线下方0.5%，为1395.73点，触发原则一，全仓卖出，持现金18514元
2014年3月12日（图2-11箭头5）	创业板指数涨超60日均线上方0.5%，为1412.56点，触发原则一，全仓买入，持股18514元
2014年3月13日（图2-11箭头6）	创业板指数开盘跌破60日均线0.5%以上，为1401.55点，触发原则一，开盘全仓卖出，持现金18359元
2014年3月14日（图2-11箭头7）	创业板指数开盘即涨超60日均线0.5%以上，为1433.46点，触发原则一，开盘全仓买入，持股18359元
2014年3月21日（图2-11箭头8）	创业板指数开盘跌破60日均线0.5%以上，为1405.90点，触发原则一，开盘全仓卖出，持现金17988元
2014年6月5日（图2-11箭头9）	创业板指数涨超60日均线上方0.5%，为1345.75点，触发原则一，全仓买入，持股17988元。往后几天，创业板指数往复跌破、涨超60日均线0.5%以上，但是符合原则四，持股不变

2014年2月17日—7月7日创业板指数K线图见图2-11。

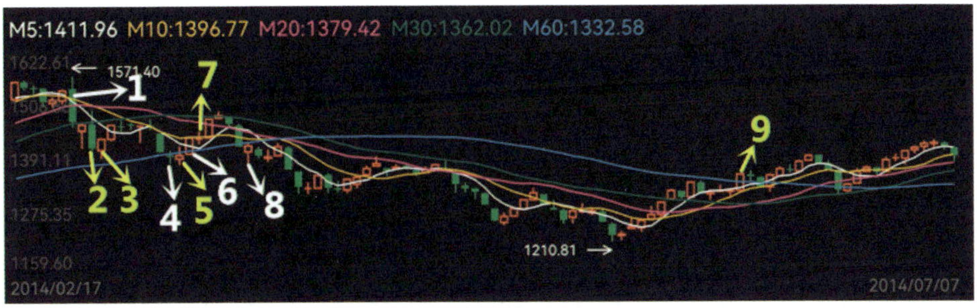

图2-11　2014年2月17日—7月7日创业板指数K线图

创业板指数K线图分析六

2014年7月8日—12月22日创业板指数K线图具体操作见表2-6。

表2-6　2014年7月8日—12月22日创业板指数K线图具体操作

时间	具体操作
2014年7月16日（图2-12箭头1）	创业板指数跌破60日均线下方0.5%，为1376.21点，触发原则一，全仓卖出，持现金18377元
2014年7月29日（图2-12箭头2）	创业板指数涨超60日均线上方0.5%，为1338.55点，触发原则一，全仓买入，持股18377元。往后几天，创业板指数有时跌破60日均线，有时受其他中短期均线支撑，符合原则四，持仓不变
2014年10月17日（图2-12箭头3）	创业板指数跌破30日均线下方0.5%，为1500.53点，且30日均线和60日均线差值为4.8%左右，遇到这种接近5%差值的情况就看个人的风险偏好程度，可以减半仓，也可以不减仓等下一次触发条件
2014年11月11日（图2-12箭头4）	创业板指数跌破60日均线下方0.5%，为1481.89点，触发原则一，全仓卖出，持现金20325元
2014年11月19日（图2-12箭头5）	创业板指数涨超60日均线上方0.5%，为1503.49点，触发原则一，全仓买入，持股20325元
2014年12月9日（图2-12箭头6）	创业板指数跌破60日均线下方0.5%，为1512.07点，触发原则一，全仓卖出，持现金20421元
2014年12月10日（图2-12箭头7）	创业板指数涨超60日均线上方0.5%，为1528.40点，触发原则一，全仓买入，持股20421元
2014年12月22日（图2-12箭头8）	创业板指数跌破60日均线下方0.5%，为1528.49点，触发原则一，全仓卖出，持现金20402元

2014年7月8日—12月22日创业板指数K线图见图2–12。

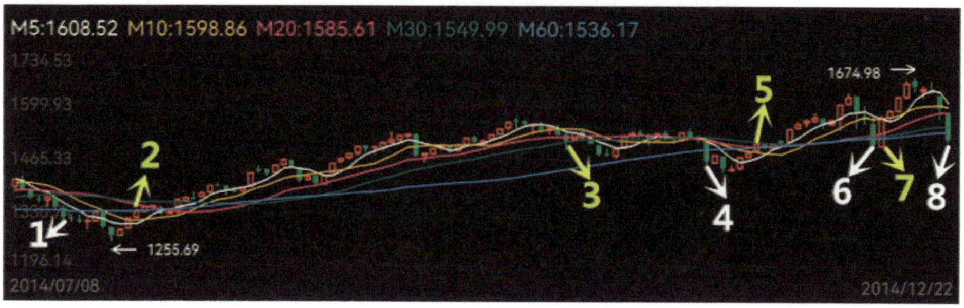

图2–12　2014年7月8日—12月22日创业板指数K线图

创业板指数K线图分析七

2014年12月22日—2015年6月10日创业板指数K线图具体操作见表2–7。

表2–7　2014年12月22日—2015年6月10日创业板指数K线图具体操作

时间	具体操作
2015年1月6日（图2–13箭头1）	创业板指数涨超60日均线上方0.5%，为1539.49点，触发原则一，全仓买入，持股20402元。往后几天，创业板指数连续跌破和涨超60日均线0.5%，但有其他中短期均线支撑，符合原则四，持股不变

2014年12月22日—2015年6月10日创业板指数K线图见图2–13。

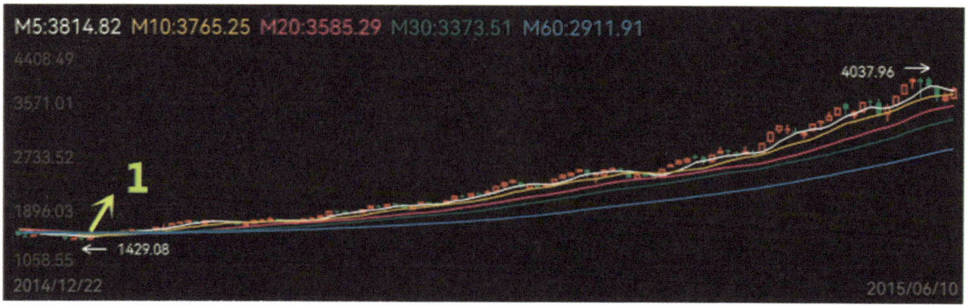

图2–13　2014年12月22日—2015年6月10日创业板指数K线图

小结

可以看到这一波从2014年开始的杠杆大牛市，涨幅非常大。在这种大涨行情中基本不需要减仓操作，只要在图2-13箭头1时刻买入就可以获得巨大收益。方法简单和实用是笔者推荐趋势投资策略的原因。

创业板指数K线图分析八

2015年6月9日—10月20日创业板指数K线图具体操作见表2-8。

表2-8　2015年6月9日—10月20日创业板指数K线图具体操作

时间	具体操作
2015年6月16日（图2-14箭头1）	创业板指数跌破30日均线下方0.5%，为3481.50点，且30日均线和60日均线差值超过5%，触发原则二，卖出半仓，持股23069元，持现金23046元
2015年6月17日（图2-14箭头2）	创业板指数开盘超过30日均线0.5%，为3586.37点，触发原则二，买入半仓，持股46810元
2015年6月18日（图2-14箭头3）	创业板指数跌破30日均线下方0.5%，为3534.34点，且30日均线和60日均线差值超过5%，触发原则二，卖出半仓，持股23065元，持现金23039元
2015年6月26日（图2-14箭头4）	创业板指数开盘低开60日均线超过0.5%，为3078.40点，触发原则二，卖出剩下的半仓，持现金43108元
2015年10月14日（图2-14箭头5）	创业板指数涨超60日均线上方0.5%以上，为2348.88点，触发原则一，全仓买入，持股43108元

2015年6月9日—10月20日创业板指数K线图见图2-14。

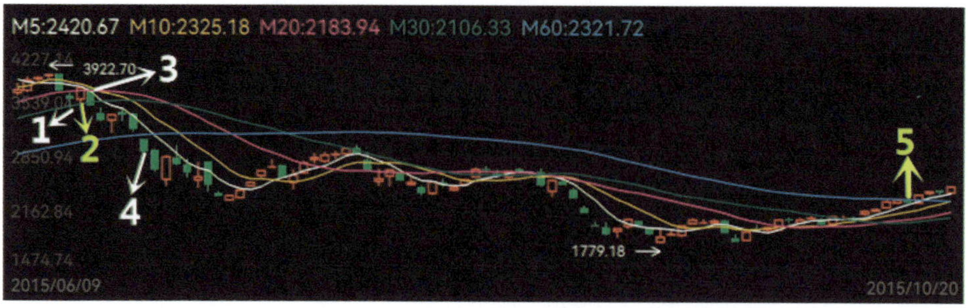

图2-14　2015年6月9日—10月20日创业板指数K线图

小结

从图2-14可以看到，创业板指数从2015年6月中旬开始暴跌，仅仅2个月，创业板指数就被“腰砍”了。当时最可怕的不是大跌，而是连续跌停，几乎没有卖出的机会，而笔者提出的指数趋势投资策略能有效地避免这种亏损情况的发生。根据指数趋势投资策略，投资者可以早在创业板指数为3500点左右的时候空仓，然后在2300点抄底。所谓大道至简，趋势反映了所有因素的影响，投资者可以通过趋势投资策略来买卖股票。

创业板指数K线图分析九

2015年10月20日—2016年4月5日创业板指数K线图具体操作见表2-9。

表2-9　2015年10月20日—2016年4月5日创业板指数K线图具体操作

时间	具体操作
2015年11月30日 （图2-15箭头1）	创业板指数跌破30日均线下方0.5%，为2627.45点，且30日均线和60日均线差值超过5%，触发原则二，减半仓，持股24110元，持现金24086元
2015年12月1日 （图2-15箭头2）	创业板指数开盘就涨超30日均线上方0.5%，开盘为2669.30点，触发原则二，开盘买入剩下的半仓，持股48580元
2015年12月2日 （图2-15箭头3）	创业板指数跌破30日均线下方0.5%，为2641.14点，且30日均线和60日均线差值超过5%，触发原则二，减半仓，持股24034元，持现金24010元
2015年12月3日 （图2-15箭头4）	创业板指数涨超30日均线上方0.5%，为2676.05点，且30日均线和60日均线差值超过5%，触发原则二，买入剩下的半仓，持股48362元
2015年12月9日 （图2-15箭头5）	创业板指数跌破30日均线下方0.5%，为2671.81点，且30日均线和60日均线差值超过5%，触发原则二，减半仓，持股24143元，持现金24119元
2015年12月10日 （图2-15箭头6）	创业板指数涨超30日均线上方0.5%，为2705.70点，且30日均线和60日均线差值超过5%，触发原则二，买入剩下的半仓，持股48568元
2015年12月11日 （图2-15箭头7）	创业板指数跌破30日均线下方0.5%，为2685.19点，且30日均线和60日均线差值超过5%，触发原则二，减半仓，持股24100元，持现金24076元
2015年12月15日 （图2-15箭头8）	创业板指数涨超30日均线上方0.5%，为2732.06点，且30日均线和60日均线差值超过5%，触发原则二，买入剩下的半仓，持股48597元
2015年12月19日	创业板指数跌破30日均线下方0.5%，但30日均线和60日均线差值不超过5%，持仓不变
2016年1月4日 （图2-15箭头9）	创业板指数跌破60日均线下方0.5%，为2636.79点，触发原则一，全部卖出，持现金46855元
2016年3月21日 （图2-15箭头10）	创业板指数涨超60日均线上方0.5%，为2219.59点，触发原则一，全部买入，持股46885元

2015年10月20日—2016年4月5日创业板指数K线图见图2-15。

图2-15 2015年10月20日—2016年4月5日创业板指数K线图

小结

从图2-15可以看到在2016年1月发生了一次股灾，但是指数趋势投资策略提示在箭头9的位置减仓，从而帮助笔者躲过了一次大跌，然后又提示在箭头10的地方低价买回。趋势投资策略是以防守为主的，每次横盘反复操作亏损的幅度很小，适合在大涨的情况下运用，能帮助投资者充分获得收益。这种策略可以使资产慢慢增长，很适合普通投资者。投资股市重要的是持久、稳健地持续获得收益，而不在于几次成功的赌博式买卖。

创业板指数K线图分析十

2016年4月5日—8月9日创业板指数K线图具体操作见表2-10。

表2-10 2016年4月5日—8月9日创业板指数K线图具体操作

时间	具体操作
2016年4月21日（图2-16箭头1）	创业板指数跌破60日均线下方0.5%，为2117.20点，触发原则一，全部卖出，持现金44678元
2016年4月26日（图2-16箭头2）	创业板指数涨超60日均线上方0.5%，为2138.46点，触发原则一，全部买入，持股44678元

续表

时间	具体操作
2016年4月28日（图2-16箭头3）	创业板指数跌破60日均线下方0.5%，为2122.33点，触发原则一，全部卖出，持现金44297元
2016年4月29日（图2-16箭头4）	创业板指数涨超60日均线上方0.5%，为2147.54点，触发原则一，全部买入，持股44297元
2016年5月3日（图2-16箭头5）	创业板指数跌破60日均线下方0.5%，为2129.88点，触发原则一，全仓卖出，持现金43889元
2016年5月4日（图2-16箭头6）	创业板指数开盘即涨超60日均线上方0.5%以上，为2210.13点，触发原则一，全仓买入，持股43889元
2016年5月6日（图2-16箭头7）	创业板指数跌破60日均线下方0.5%，为2136.61点，触发原则一，全仓卖出，持现金42387元
2016年5月31日（图2-16箭头8）	创业板指数涨超60日均线上方0.5%，为2148.94点，触发原则一，全仓买入，持股42387元
2016年6月13日（图2-16箭头9）	创业板指数先跌破60日均线，后跌破其他中短期均线，最低均线为20日均线并跌破该均线下方0.5%，为2094.60点，触发原则四，全仓卖出，持现金41274元
2016年6月27日（图2-16箭头10）	创业板指数涨超60日均线上方0.5%，为2163.47点，触发原则一，全仓买入，持股41274元
2016年7月27日（图2-16箭头11）	创业板指数跌破60日均线下方0.5%，为2150.15点，触发原则一，全仓卖出，持现金40979元

2016年4月5日—8月9日创业板指数K线图见图2-16。

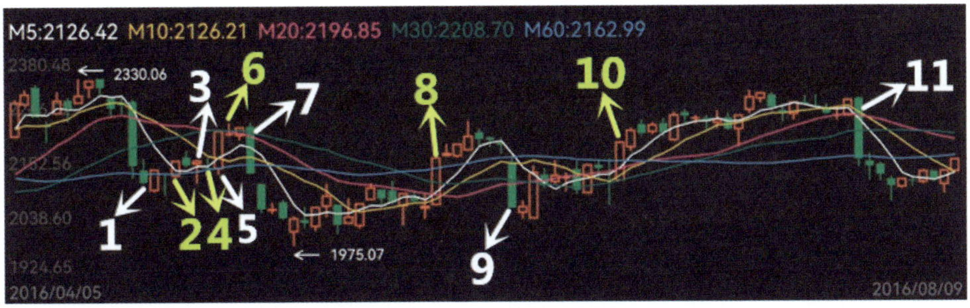

图2-16　2016年4月5日—8月9日创业板指数K线图

创业板指数K线图分析十一

2016年8月10日—12月8日创业板指数K线图具体操作见表2-11。

表2-11 2016年8月10日—12月8日创业板指数K线图具体操作

时间	具体操作
2016年8月15日（图2-17箭头1）	创业板指数涨超60日均线上方0.5%，为2179.85点，触发原则一，全仓买入，持股40979元
2016年9月12日（图2-17箭头2）	创业板指数跌破最低均线30日均线下方0.5%，为2160.63点，触发原则四，全仓卖出，持现金40577元
2016年10月10日（图2-17箭头3）	创业板指数涨超60日均线上方0.5%，为2195.09点，触发原则一，全仓买入，持股40577元
2016年10月10—31日	这些交易日中创业板指数有数次跌破最低均线，但是没达到0.5%的阈值，持股不变
2016年10月31日（图2-17箭头4）	创业板指数开盘跌破60日均线下方0.5%，为2158.57点，触发原则一，开盘全仓卖出，持现金39842元
2016年11月16日（图2-17箭头5）	创业板指数开盘涨超60日均线上方0.5%，为2187.50点，触发原则一，全仓买入，持股39842元
2016年11月22日（图2-17箭头6）	创业板指数跌破60日均线下方0.5%，为2148.11点，触发原则一，全仓卖出，持现金39085元
2016年11月23日（图2-17箭头7）	创业板指数涨超60日均线上方0.5%，为2183.63点，触发原则一，全仓买入，持股39085元
2016年11月24日（图2-17箭头8）	创业板指数跌破最后一条支撑均线20日均线超过0.5%，为2145.64点，触发原则四，全仓卖出，持现金38367元
2016年11月30日（图2-17箭头9）	创业板指数涨超60日均线上方0.5%，为2181.86点，触发原则一，全仓买入，持股38367元
2016年12月2日（图2-17箭头10）	创业板指数跌破所有均线，在跌破最下方20日均线0.5%时为2148.41点，触发原则四，全仓卖出，持现金37741元

2016年8月10日—12月8日创业板指数K线图见图2-17。

图2-17　2016年8月10日—12月8日创业板指数K线图

小结

从图2-16和图2-17可以看到趋势投资策略存在劣势，横盘或者震荡情况下因为趋势不明显，从而多次反复买卖，大幅度提高了交易成本，导致多次小亏损的累积。从2016年4月5日到2016年12月8日，接近8个月的创业板指数横盘，投资者亏损接近15%，但是其间创业板指数是没有下跌的。趋势投资策略在明显的上涨或者下跌趋势中的表现是极优的，这说明趋势投资策略用于波动明显的指数或者个股才能发挥出极大的优势。一般情况下，指数的波动相对较小，在牛市或者熊市情况下才会波动很大，而熊市往往在牛市之后发生，所以采用指数趋势投资策略主要是为了在指数大涨后，提醒投资者在跌破30日或者60日均线后大幅度减仓，以躲避熊市大跌，而在指数行情比较平稳的时候只需要根据本章第三节的个股趋势投资策略进行买卖交易即可。

创业板指数K线图分析十二

2016年12月8日—2017年4月20日创业板指数K线图具体操作见表2-12。

表2-12　2016年12月8日—2017年4月20日创业板指数K线图具体操作

时间	具体操作
2017年3月6日（图2-18箭头1）	创业板指数涨超60日均线上方0.5%，为1954.56点，触发原则一，全仓买入，持股37741元
2017年3月30日（图2-18箭头2）	创业板指数跌破60日均线下方0.5%，为1915.45点，触发原则一，全仓卖出，持现金36949元
2017年4月5日（图2-18箭头3）	创业板指数涨超60日均线上方0.5%，为1933.52点，触发原则一，全仓买入，持股36949元
2017年4月10日（图2-18箭头4）	创业板指数跌破60日均线下方0.5%，为1912.02点，触发原则一，全仓卖出，持现金36502元

2016年12月8日—2017年4月20日创业板指数K线图见图2-18。

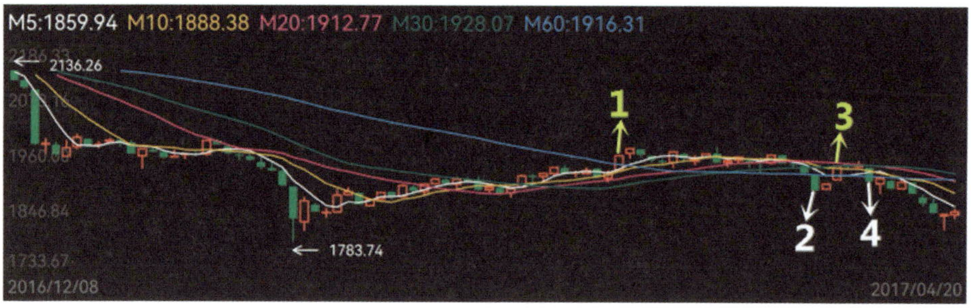

图2-18　2016年12月8日—2017年4月20日创业板指数K线图

创业板指数K线图分析十三

2017年4月20日—10月27日创业板指数K线图具体操作见表2-13。

表2–13 2017年4月20日—10月27日创业板指数K线图具体操作

时间	具体操作
2017年7月3日（图2–19箭头1）	创业板指数涨超60日均线上方0.5%，为1827.21点，触发原则一，全仓买入，持股36502元
2017年7月11日（图2–19箭头2）	创业板指数跌破所有中短均线支撑，跌破最低均线30日均线下方0.5%，为1792.90点，触发原则四，全仓卖出，持现金35781元
2017年8月14日（图2–19箭头3）	创业板指数涨超60日均线上方0.5%，为1778.04点，触发原则一，全仓买入，持股35781元

2017年4月20日—10月27日创业板指数K线图见图2–19。

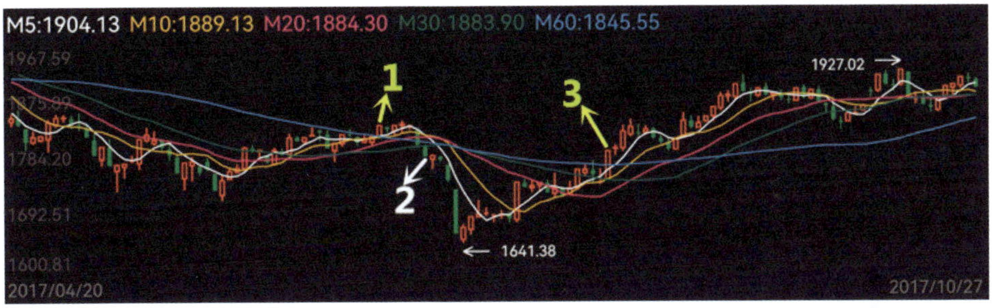

图2–19 2017年4月20日—10月27日创业板指数K线图

创业板指数K线图分析十四

2017年10月27日—2018年3月27日创业板指数K线图具体操作见表2–14。

表2–14 2017年10月27日—2018年3月27日创业板指数K线图具体操作

时间	具体操作
2017年11月3日（图2–20箭头1）	创业板指数开盘跌破60日均线超过0.5%，为1843.80点，触发原则一，开盘全仓卖出，持现金37067元
2017年11月8日（图2–20箭头2）	创业板指数涨超60日均线上方0.5%，为1870.56点，触发原则一，全仓买入，持股37067元
2017年11月16日（图2–20箭头3）	创业板指数跌破60日均线下方0.5%，为1861.69点，触发原则一，全仓卖出，持现金36855元

续表

时间	具体操作
2017年11月17日（图2-20箭头4）	创业板指数涨超60日均线上方0.5%，为1880.61点，触发原则一，全仓买入，持股36855元
2017年11月20日（图2-20箭头5）	创业板指数开盘跌破60日均线超过0.5%，为1819.17点，触发原则一，开盘全仓卖出，持现金35615元
2018年1月24日（图2-20箭头6）	创业板指数涨超60日均线上方0.5%，为1811.20点，触发原则一，全仓买入，持股35615元
2018年1月31日（图2-20箭头7）	创业板指数跌破所有中短均线支撑，跌破最低均线30日均线下方0.5%，为1765.31点，触发原则四，全仓卖出，持现金34678元
2018年2月28日（图2-20箭头8）	创业板指数涨超60日均线上方0.5%，为1760.92点，触发原则一，全仓买入，持股34678元
2018年3月23日（图2-20箭头9）	创业板指数跌破所有中短均线支撑，跌破最低均线30日均线下方0.5%，为1744.24点，触发原则四，全仓卖出，持现金34315元
2018年3月26日（图2-20箭头10）	创业板指数涨超60日均线上方0.5%，为1769.54点，触发原则一，全仓买入，持股34315元

2017年10月27日—2018年3月27日创业板指数K线图见图2-20。

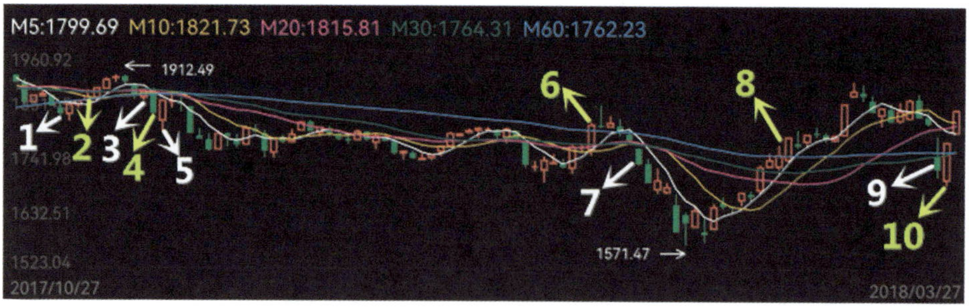

图2-20 2017年10月27日—2018年3月27日创业板指数K线图

创业板指数K线图分析十五

2018年3月28日—11月22日创业板指数K线图具体操作见表2-15。

表2-15　2018年3月28日—11月22日创业板指数K线图具体操作

时间	具体操作
2018年4月18日（图2-21箭头1）	创业板指数跌破60日均线下方0.5%，为1768.49点，触发原则一，全仓卖出，持现金34260元
2018年4月19日（图2-21箭头2）	创业板指数开盘涨超60日均线上方0.5%以上，为1815.45点，触发原则一，开盘全仓买入，持股34260元
2018年4月23日（图2-21箭头3）	创业板指数跌破60日均线下方0.5%，为1770.92点，触发原则一，全仓卖出，持现金33386元
2018年4月24日（图2-21箭头4）	创业板指数涨超60日均线上方0.5%，为1790.04点，触发原则一，全仓买入，持股33386元
2018年5月3日（图2-21箭头5）	创业板指数跌破60日均线下方0.5%，为1773.18点，触发原则一，全仓卖出，持现金33039元
2018年5月4日（图2-21箭头6）	创业板指数开盘涨超60日均线上方0.5%，为1821.02点，触发原则一，开盘全仓买入，持股33039元
2018年5月25日（图2-21箭头7）	创业板指数跌破60日均线下方0.5%，为1816.93点，触发原则一，全仓卖出，持现金32932元
2018年11月13日（图2-21箭头8）	创业板指数涨超60日均线上方0.5%，为1376.74点，触发原则一，全仓买入，持股32932元

2018年3月28日—11月22日创业板指数K线图见图2-21。

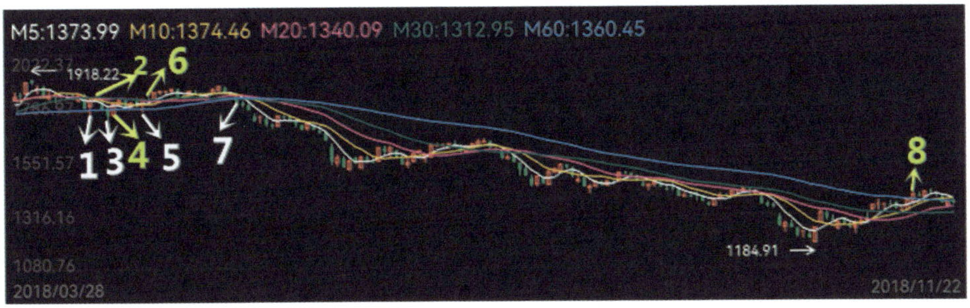

图2-21　2018年3月28日—11月22日创业板指数K线图

小结

从图2-21可以看到，趋势投资策略的优点又展现了出来，在2018年的大跌中，创业板指数跌了30%多，若根据指数趋势投资策略操作，亏损只有4%左右。而1184.91点也是创业板指数近10年的最低点，由此开始了一轮由芯片、新能源、医药等成长股带领的大牛市。

创业板指数K线图分析十六

2018年11月22日—2019年4月24日创业板指数K线图具体操作/分析见表2-16。

表2-16 2018年11月22日—2019年4月24日创业板指数K线图具体操作/分析

时间	具体操作/分析
2018年11月23日（图2-22箭头1）	创业板指数跌破所有中短期均线支撑，跌破最低均线30日均线下方0.5%，为1307.73点，触发原则四，全仓卖出，持现金31250元
2018年12月3日（图2-22箭头2）	创业板指数开盘涨超60日均线上方0.5%，为1365.90点，触发原则一，全仓买入，持股31250元
2018年12月10日（图2-22箭头3）	创业板指数开盘跌破60日均线下方超过0.5%，为1328.06点，触发原则一，全仓卖出，持现金30354元
2018年12月12日（图2-22箭头4）	创业板指数开盘涨超60日均线上方0.5%以上，为1343.90点，触发原则一，全仓买入，持股30354元
2018年12月13日（图2-22箭头5）	创业板指数跌破60日均线下方0.5%，为1328.25点，触发原则一，全仓卖出，持现金29970元
2018年12月14日（图2-22箭头6）	创业板指数开盘涨超60日均线上方0.5%以上，为1346.90点，触发原则一，开盘全仓买入，持股29970元
2018年12月17日（图2-22箭头7）	创业板指数开盘跌破60日均线下方超过0.5%，为1303.88点，触发原则一，开盘全仓卖出，持现金28984元

续表

时间	具体操作/分析
2019年2月11日（图2-22箭头8）	创业板指数涨超60日均线上方0.5%，为1307.02点，触发原则一，全仓买入，持股28984元
2019年4月12日（图2-22箭头9）	创业板指数跌破30日均线下方0.5%，为1685.96点，且30日均线和60日均线差值超过5%，触发原则二，减半仓，持股18694元，持现金18675元
2019年4月15日（图2-22箭头10）	创业板指数开盘涨超30日均线上方0.5%，为1721.64点，触发原则二，开盘把剩下半仓买入，持股37765元
2019年4月16日（图2-22箭头11）	创业板指数开盘跌破30日均线下方0.5%，为1656.76点，触发原则二，开盘减半仓，持股18171元，持现金18153元
2019年4月17日（图2-22箭头12）	创业板指数涨超30日均线上方0.5%，为1710.20点，触发原则二，买入剩下的半仓，持股36910元
2019年4月19日（图2-22箭头13）	创业板指数跌破30日均线下方0.5%，但5日均线在30日均线之下，属于原则三的情况，故持仓不变，观望后市。后市主要是看5日均线的数值近几天是否处于逐渐上升的状态，4月17日、4月18日、4月19日的5日均线数值持续上升，属于多头情绪，若4月19日的5日均线数值低于4月17日的5日均线数值，说明跌破支撑点，符合原则二，要减半仓
2019年4月22日（图2-22箭头14）	创业板指数跌破30日均线下方0.5%，为1695.52点，且30日均线和60日均线差值依然超过5%，触发原则二，减仓一半，持股18297元，持现金18278元
2019年4月24日（图2-22箭头15）	创业板指数涨超30日均线上方0.5%，为1709.25点，触发原则二，买入剩下的半仓，持股36723元

2018年11月22日—2019年4月24日创业板指数K线图见图2-22。

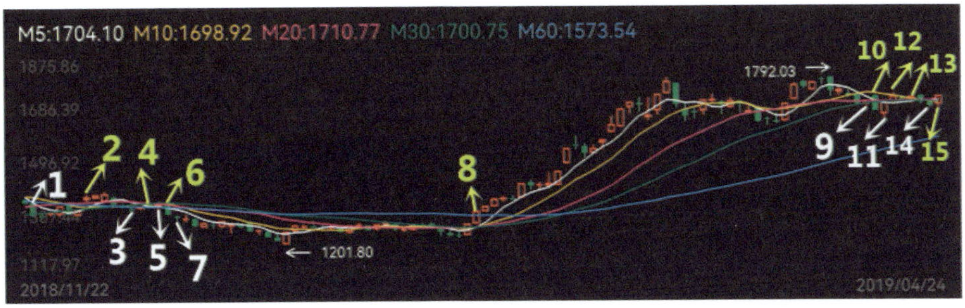

图2-22　2018年11月22日—2019年4月24日创业板指数K线图

创业板指数K线图分析十七

2019年4月22日—8月27日创业板指数K线图具体操作/分析见表2-17。

表2-17 2019年4月22日—8月27日创业板指数K线图具体操作/分析

时间	具体操作/分析
2019年4月25日（图2-23箭头1）	创业板指数跌破30日均线下方0.5%，为1691.46点，且30日均线和60日均线差值超过5%，触发原则二，减半仓，持股18170元，持现金18152元
2019年5月6日（图2-23箭头2）	创业板指数开盘跌破60日均线下方超过0.5%，为1551.72点，触发原则二，减仓剩下的一半，持现金34804元。在指数大幅上涨并开始靠近60日均线的时候，如果有较长的节日，最好是减仓，若节后无较大波动再加回仓。2016年1月4日和2019年5月6日都是股市大跌，一个是元旦假期，另一个是劳动节假期，如果有大的利空消息，假期时间过长往往容易使市场情绪酝酿得过于悲观，又因为大幅上涨后横盘并靠近60日均线，悲观情绪很容易一下子爆发出来，导致股市大跌
2019年7月1日（图2-23箭头3）	创业板指数涨超60日均线上方0.5%，为1566.59点，触发原则一，全仓买入，持股34804元
2019年8月6日（图2-23箭头4）	创业板指数开盘跌破60日均线下方超过0.5%，为1501.40点，触发原则一，全仓卖出，持现金33322元
2019年8月7日（图2-23箭头5）	创业板指数开盘涨超60日均线上方0.5%以上，为1520.58点，触发原则一，全仓买入，持股33322元。这一天后的10多天里有数次创业板指数跌破60日均线，但达不到0.5%以上，不符合操作原则

2019年4月22日—8月27日创业板指数K线图见图2-23。

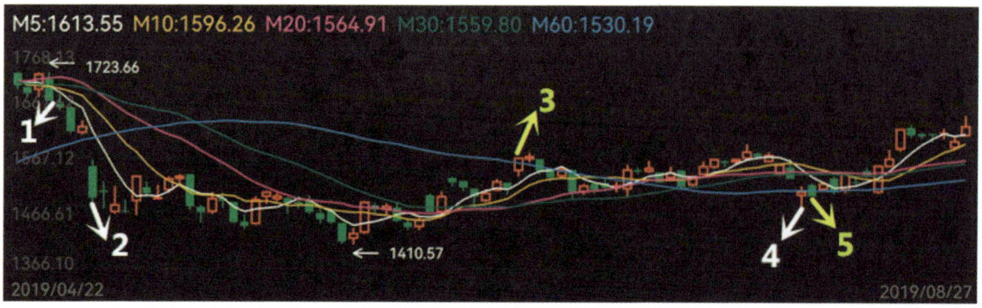

图2-23 2019年4月22日—8月27日创业板指数K线图

创业板指数K线图分析十八

2019年8月27日—2020年1月6日创业板指数K线图具体操作见表2-18。

表2-18　2019年8月27日—2020年1月6日创业板指数K线图具体操作

时间	具体操作
2019年11月25日（图2-24箭头1）	创业板指数跌破60日均线下方0.5%，为1666.26点，触发原则一，全仓卖出，持现金36478元
2019年11月27日（图2-24箭头2）	创业板指数涨超60日均线上方0.5%，为1685.09点，触发原则一，全仓买入，持股36478元
2019年11月28日（图2-24箭头3）	创业板指数跌破60日均线下方0.5%，为1669.13点，触发原则一，全仓卖出，持现金36096元
2019年12月5日（图2-24箭头4）	创业板指数涨超60日均线上方0.5%，为1688.91点，触发原则一，全仓买入，持股36096元

2019年8月27日—2020年1月6日创业板指数K线图见图2-24。

图2-24　2019年8月27日—2020年1月6日创业板指数K线图

创业板指数K线图分析十九

2020年1月6日—6月2日创业板指数K线图具体操作/分析见表2-19。

表2-19　2020年1月6日—6月2日创业板指数K线图具体操作/分析

时间	具体操作/分析
2020年2月3日 （图2-25箭头1）	创业板指数新年开盘后暴跌6.85%，原因是新冠疫情导致市场对经济的担忧，可是很快就止跌了；而美股却在2020年2月末的时候因为新冠疫情的暴发开始崩盘。即使投资者可以通过各种因素去预判股票市场接下来的走势，但同一因素也会因为程度不同呈现巨大的走势差别，在此情况下做判断需要投资者具有非常强的个人能力。采用趋势投资策略则无此需求，这个市场的走势就反映出这些因素的存在，只要股票是上涨的就必然是突破趋势线上涨，只要是下跌的也必然跌破趋势线下跌，这是客观事实
2020年3月10日 （图2-25箭头2）	创业板指数开盘跌破30日均线下方超过0.5%，为2083.20点，且30日均线和60日均线差值超过5%，触发原则二，减半仓，持股22261元，持现金22239元
2020年3月11日 （图2-25箭头3）	创业板指数开盘涨超30日均线上方0.5%以上，为2157.93点，触发原则二，开盘把剩下半仓买入，持股45299元
2020年3月12日 （图2-25箭头4）	创业板指数开盘跌破30日均线下方超过0.5%，为2070.22点，且30日均线和60日均线差值超过5%，触发原则二，开盘减半仓，持股21729元，持现金21707元
2020年3月13日 （图2-25箭头5）	创业板指数开盘跌破60日均线下方超过0.5%，为1937.95点，触发原则二，开盘卖出剩下的半仓，持现金42027元
2020年3月16日 （图2-25箭头6）	创业板指数开盘涨超60日均线上方0.5%以上，为2034.76点，触发原则一，开盘全仓买入，持股42027元。2020年3月16日，创业板指数跌幅接近6%，但是开盘已全仓买入，无法卖出，导致较大的亏损，其实在实际操作中有更好的方法解决。在3月13日，即上一个交易日，早上低开清仓，但指数下午低开高走，在接近收盘前一个多小时已经大幅超过60日均线。在下午确认大概率指数会收于60日均线之上较高的位置，就可以提前买入，而不是在3月16日开盘高位买入，在下跌的时候无法操作。实际上每次跌破均线后又快速反弹的情况是不同的，难以量化，所以在这个趋势操作教程中就没有用到。在实际操作中，可以根据真实情况，更加灵活地进行买卖，而不是让自己处于像3月16日这样的被动情况
2020年3月17日 （图2-25箭头7）	创业板指数开盘跌破60日均线下方超过0.5%，为1941.20点，触发原则一，开盘全仓卖出，持现金40055元
2020年4月17日 （图2-25箭头8）	创业板指数涨超60日均线上方0.5%，为2027.69点，触发原则一，全仓买入，持股40055元

2020年1月6日—6月2日创业板指数K线图见图2–25。

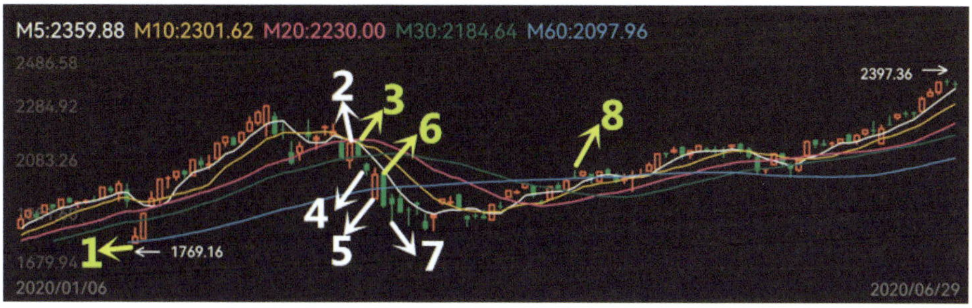

图2–25　2020年1月6日—6月2日创业板指数K线图

创业板指数K线图分析二十

2020年6月29日—11月25日创业板指数K线图具体操作/分析见表2–20。

表2–20　2020年6月29日—11月25日创业板指数K线图具体操作/分析

时间	具体操作/分析
2020年8月11日（图2–26箭头1）	创业板指数跌破30日均线下方0.5%，为2695.47点，且30日均线和60日均线差值超过5%，触发原则二，减半仓，持股26623元，持现金26597元
2020年8月25日（图2–26箭头2）	创业板指数涨超30日均线上方0.5%，为2728.60点，触发原则二，买入剩下的半仓，持股53547元
2020年8月26日（图2–26箭头3）	创业板指数跌破30日均线下方0.5%，但是在2020年8月24日到26日这3天，5日均线逐渐升高，符合原则三，不减仓。8月27日的情况也是一样的
2020年9月8日（图2–26箭头4）	创业板指数跌破60日均线下方0.5%，为2623.06点，触发原则一，全仓卖出，持现金51424元
2020年10月12日（图2–26箭头5）	创业板指数开盘涨超60日均线上方0.5%以上，为2702.16点，触发原则一，开盘全仓买进，持股51424元
2020年10月23日（图2–26箭头6）	创业板指数跌破所有中短期均线支撑，跌破最低均线30日均线下方0.5%，为2612.55点，触发原则四，全仓卖出，持现金49669元
2020年10月28日（图2–26箭头7）	创业板指数涨超60日均线上方0.5%，为2683.32点，触发原则一，全仓买入，持股49669元

续表

时间	具体操作/分析
2020年11月17日（图2–26箭头8）	创业板指数跌破60日均线下方0.5%，为2650.76点，触发原则一，全仓卖出，持现金49017元
2020年11月18日（图2–26箭头9）	创业板指数涨超60日均线上方0.5%，为2676.05点，触发原则一，全仓买入，持股49017元
2020年11月19日（图2–26箭头10）	创业板指数开盘跌破60日均线下方超过0.5%，为2614.78点，触发原则一，开盘全仓卖出，持现金47847元
2020年11月23日（图2–26箭头11）	创业板指数涨超60日均线上方0.5%，为2678.83点，触发原则一，全仓买入，持股47847元
2020年11月25日（图2–26箭头12）	创业板指数跌破60日均线下方0.5%，为2650.58点，触发原则一，全仓卖出，持现金47295元。不把5日均线作为最低均线是因为当跌破60日均线下方0.5%的时候，60日均线要比5日均线低。收盘后5日均线在60日均线之下是因为当天大跌把5日均线拉得更低了

2020年6月29日—11月25日创业板指数K线图见图2–26。

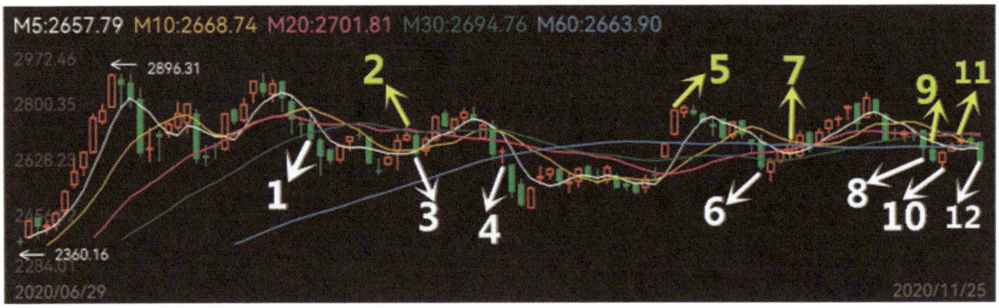

图2–26　2020年6月29日—11月25日创业板指数K线图

创业板指数K线图分析二十一

2020年11月25日—2021年3月16日创业板指数K线图具体操作见表2–21。

表2-21　2020年11月25日—2021年3月16日创业板指数K线图具体操作

时间	具体操作
2020年12月1日（图2-27箭头1）	创业板指数涨超60日均线上方0.5%，为2672.86点，触发原则一，全仓买入，持股47295元
2021年2月22日（图2-27箭头2）	创业板指数跌破30日均线下方0.5%，为3189.04点，且30日均线和60日均线差值超过5%，触发原则二，减半仓，持股28214元，持现金28186元
2021年2月24日（图2-27箭头3）	创业板指数跌破60日均线0.5%，为2981.04点，触发原则二，卖出剩下半仓，持现金54533元
2021年2月25日（图2-27箭头4）	创业板指数开盘涨超60日均线上方0.5%以上，为3040.90点，触发原则一，开盘全仓买入，持股54533元
2021年2月26日（图2-27箭头5）	创业板指数开盘跌破60日均线下方0.5%以上，为2907.48点，触发原则一，开盘全仓卖出，持现金52088元

2020年11月25日—2021年3月16日创业板指数K线图见图2-27。

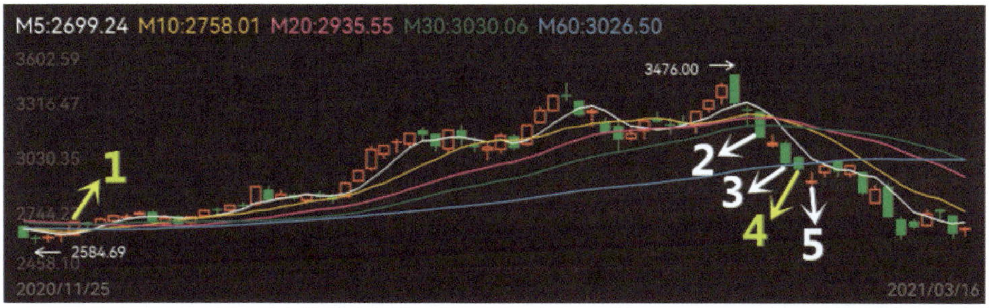

图2-27　2020年11月25日—2021年3月16日创业板指数K线图

创业板指数K线图分析二十二

2021年3月17日—8月5日创业板指数K线图具体操作见表2-22。

表2-22　2021年3月17日—8月5日创业板指数K线图具体操作

时间	具体操作
2021年4月23日（图2-28箭头1）	创业板指数涨超60日均线上方0.5%，为2949.13点，触发原则一，全仓买入，持股52088元
2021年6月16日（图2-28箭头2）	创业板指数跌破30日均线下方0.5%，为3127.85点，且30日均线和60日均线差值超过5%，触发原则二，减半仓，持股27622元，持现金27595元
2016年6月17日（图2-28箭头3）	创业板指数涨超30日均线上方0.5%，为3162.54点，触发原则二，把剩下半仓买入，持股55523元
2021年7月6日（图2-28箭头4）	创业板指数跌破30日均线下方0.5%，为3265.30点，且30日均线和60日均线差值超过5%，触发原则二，减半仓，持股28664元，持现金28635元
2021年7月7日（图2-28箭头5）	创业板指数涨超30日均线上方0.5%，为3304.23点，触发原则二，把剩下半仓买入，持股57641元
2021年7月27日（图2-28箭头6）	创业板指数跌破60日均线下方0.5%，为3248.12点，触发原则一，全仓卖出，持现金56606元
2021年7月28日（图2-28箭头7）	创业板指数涨超60日均线上方0.5%，为3284.67点，触发原则一，全仓买入，持股56606元

2021年3月17日—8月5日创业板指数K线图见图2-28。

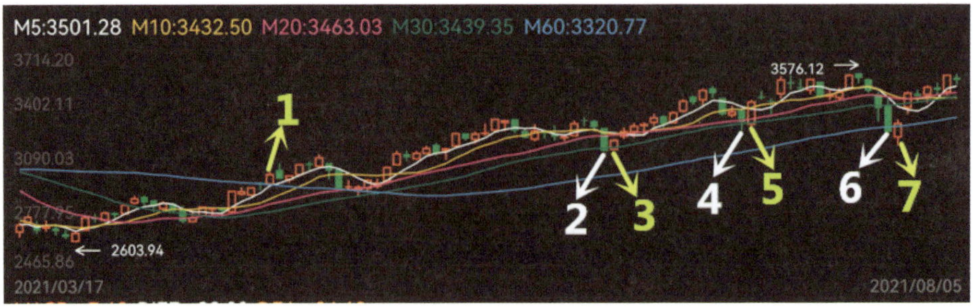

图2-28　2021年3月17日—8月5日创业板指数K线图

创业板指数K线图分析二十三

2021年8月6日—12月16日创业板指数K线图具体操作见表2–23。

表2–23　2021年8月6日—12月16日创业板指数K线图具体操作

时间	具体操作
2021年8月13日（图2–29箭头1）	创业板指数跌破60日均线下方0.5%，为3339.76点，触发原则一，全仓卖出，持现金57498元
2021年10月20日（图2–29箭头2）	创业板指数涨超60日均线上方0.5%，为3313.06点，触发原则一，全仓买入，持股57498元

2021年8月6日—12月16日创业板指数K线图见图2–29。

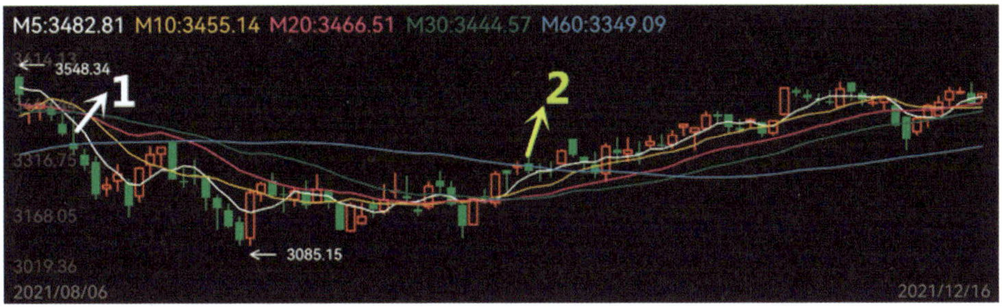

图2–29　2021年8月6日—12月16日创业板指数K线图

小结

从图2–29可以看到，当指数有明显趋势而不是处于横盘或者震荡时，依据趋势投资策略则很少进行买卖，较长时间持股等待。

创业板指数K线图分析二十四

2021年12月13日—2022年6月6日创业板指数K线图具体操作见表2-24。

表2-24　2021年12月13日—2022年6月6日创业板指数K线图具体操作

时间	具体操作
2021年12月20日（图2-30箭头1）	创业板指数跌破60日均线下方0.5%，为3339.60点，触发原则一，全仓卖出，持现金57901元
2021年12月23日（图2-30箭头2）	创业板指数涨超60日均线上方0.5%，为3382.42点，触发原则一，全仓买入，持股57901元
2021年12月24日（图2-30箭头3）	创业板指数跌破60日均线下方0.5%，为3350.24点，触发原则一，全仓卖出，持现金57293元
2022年6月6日（图2-30箭头4）	创业板指数涨超60日均线上方0.5%，为2478.32点，触发原则一，全仓买入，持股57293元

2021年12月13日—2022年6月6日创业板指数K线图见图2-30。

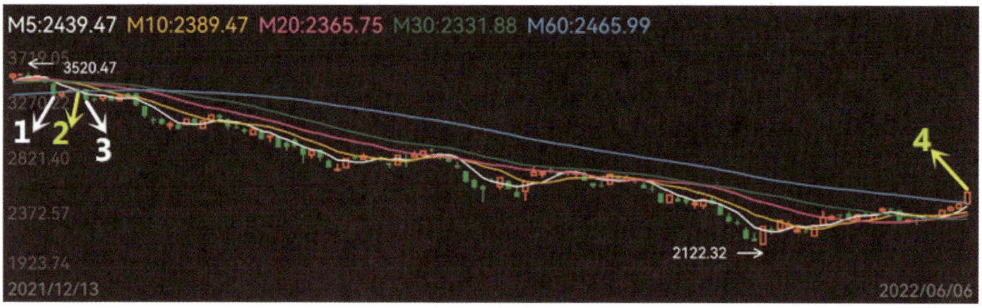

图2-30　2021年12月13日—2022年6月6日创业板指数K线图

小结

从图2-30可以看到，创业板指数在2021年12月24日跌破60日均线后（箭头3），开始了长达半年的下跌，从3500多点跌到了2100多点。依据指数趋势投资策略，在这期间是空仓的，不会有大亏损。这就是指数趋势投资策略比长期持仓要好的最重要的原因——可以规避指数或者个股的大跌。所以笔者不推荐普通投资者做长线投资，其可以做价值投资，顺势而为，而不是盲目长期持股，以尽量避免中短期的巨大回撤。

创业板指数K线图分析二十五

2022年6月2日—12月8日创业板指数K线图具体操作见表2-25。

表2-25 2022年6月2日—12月8日创业板指数K线图具体操作

时间	具体操作
2022年7月22日（图2-31箭头1）	创业板指数跌破30日均线下方0.5%，且30日均线和60日均线差值超过5%，为2730.99点，触发原则二，减半仓，持股31567元，持现金31536元
2022年8月16日（图2-31箭头2）	创业板指数涨超30日均线上方0.5%，为2741.57点，触发原则二，把剩下半仓买入，持股63225元
2022年8月24日（图2-31箭头3）	创业板指数跌破60日均线下方0.5%，为2690.87点，触发原则一，全仓卖出，持现金61994元
2022年12月1日（图2-31箭头4）	创业板指数涨超60日均线上方0.5%，为2398.66点，触发原则一，全仓买入，持股61994元

2022年6月2日—12月8日创业板指数K线图见图2-31。

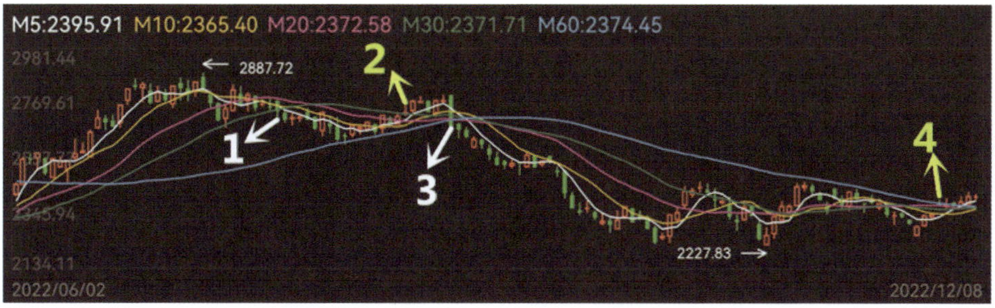

图2-31 2022年6月2日—12月8日创业板指数K线图

小结

创业板指数从2012年12月24日的672.63点到2022年12月1日的2398.77点，10年时间创业板指数涨幅达257%，按照指数趋势投资策略的4项原则进行操作，资金的收益率可达520%，是不进行任何操作的收益的近2倍，这10年的复合年化收益率达到了每年18%。这只是指数的收益，而个股的波动远比指数波动大，获得的收益就更加可观。如若做的是股指期货，利用这些简单的理论，在持仓的情况下做多单，在空仓的情况下平仓后做空单，很容易就可以在这10年获得本金的20～30倍的收益。

趋势投资策略以中长期的趋势为主，忽略短期的波动，其特点是上涨趋势基本能够获得绝大部分的收益，而在下跌趋势能够规避绝大部分的亏损，美中不足的是在横盘或者趋势不明朗、趋势很小的时候要承受较多次数的小亏损。从前文的操作分析来看，数次股灾根据趋势投资策略操作都没有大的亏损，相反较大的亏损源于2016年和2018年那些横盘和趋势很小的情况，回撤幅度也比较大，一度从2016年初的48000元左右亏损到2018年末的29000元，亏损接近40%。当然，那几年的行情比较差，创业板指数从2015年最高的4000多点跌到了2018年最低的1200多点，跌幅近70%。采用个股趋势投资策略是不会像指数趋势投资策略一样亏损到40%这个程度的。

有两个原因导致按照指数趋势投资策略操作亏损大。

第一，除了在牛市、熊市的时候，其他大多数时候指数的走势是比较平和的，即波动比较小，这导致按照趋势投资策略操作的亏损极大，但是复盘后的收益依然是持股不变的收益的2倍。

第二，个股的波动很大，不会出现持久的横盘情况，并且个股趋势投资策略讲究的是组合投资，会持有多只个股，平均下来，即使整体行情极差，总体仓位的亏损也低于20%。指数趋势投资策略帮助投资者在牛市、熊市的时候进行大仓位的加仓或者减仓，这是其最主要的目标和参考价值。

采用趋势投资策略下的收益能远超持股不变的收益在于下跌趋势的空仓规避了绝大部分亏损。虽然这种操作方法在指数横盘震荡的行情下会产生一定的亏损，但是对于绝大多数普通投资者来说，最重要的是在保本的情况下再寻求收益，即不会因为股市大跌而元气大伤，难以再赚钱。股神巴菲特的价值投资理论是不适合绝大多数普通人的，因为普通投资者的能力有限，难以达到那么高的投资水平，容易发生估计价值错误，即认为的投资价值和这家企业真正的价值相去甚远，估值错误从而导致较大的亏损。

巴菲特所看到的企业、宏观经济等的维度比普通投资者所看到的要高很多，能找到好企业、好估值、好时机，其策略为强势者理论。而趋势投资策略是弱势者理论，更适合普通投资者，能让普通投资者简单地理解和应用。

走势是某只股票所有的利好、利空、资金、政策等一切因素的集合体，当普通投资者没有非常强的能力去分析众多因素，也没有非常强的能力去准确判断企业的价值和发展时，只需跟着趋势买卖的原则执行即可，不需要太多主观判断，顺势而为，而不是低买高卖。普通投资者难以准确判断什么是低什么是高，即所抄的底远不是底，所认为的高点并不是最高点，即便是巴菲特的老师本杰明·格雷厄姆也曾判断失误，在20世纪30年代的经济危机中因抄底股市而近乎破产。普通的投资者，如果没有非常强的投资能力，只能跟随着市场的趋势走。

强势者理论和弱势者理论并没有好坏之分，只是适合的人群不同。有上百亿资金的投资者必然要求找好的企业、适当的时机买入并长期持股，因为他们不能顺势做短线买卖，想买就买、想卖就卖，他们本身的资金体量在一定程度上就是在形成趋势、改变趋势。正因如此，大资金看好一家企业，必然是持续地买入，从而形成上升趋势；而当大资金不看好这家企业时会持续地卖出，从而形成下跌趋势。中小资金虽然资金量少但具有很好的灵活性，可以随时进出，从而可能比大资金获得更多的收益，这是趋势投资策略的原理之一，即改变趋势所需的成本是巨大的。

假设大资金看好一只股票，准备以50亿元抄底买入，但是这只股票每天成交量只有50多亿元，为了防止在过高的价格买入，它需要十多天或者数十天的时间才能完成建仓。因为有持续大资金的买入，这只股票会呈现出缓慢上涨的趋势，且股票由这个买入的大资金主导价格。假设大资金的买入均价在40元左右，25天左右建仓完毕，那么这只股票就会形成20日或者30日均线的上涨趋势，趋势线的价格也必然和它买入的均价（40元）差不多。假设大资金要改变股票的上涨趋势，必然要把它手里的股票以低于40元的价格大量且持续地卖出，才会改上涨趋势为下跌趋势，但以均价40元买入，又低于40元卖出，这样的操作明显是要亏钱的，可见改变趋势所需的成本是巨大的。

相反，大资金在经过持股相当长的时间后，认为这只股票被高估了要将其卖出，那么在大量且持续卖出的情况下，形成下跌趋势的初始过程中，假设卖出均价在80元，也会形成相应的在80元左右的价格均线。若要改下跌趋势为上涨趋势，就需要持续大量地以高于80元的价格买入，这也就意味着本来80元均价卖出的股票，要以更高的价格买回来了，是亏钱的，改变下跌趋势的成本也是巨大的。在正常的情况下，股票价格是沿着一个较大的趋势走的，直到众多人因为情绪的变化而改变了看法，从而整体呈现持续的净买入或者净卖出改变了趋势，而且周期越短的均线趋势越容易改变，周期越长的均线趋势越难改变；市值越小的个股趋势越容易改变和操控，市值越大的个股趋势越难改变和操控。

笔者之所以选择创业板指数作为一个模板进行应用，是因为创业板指数波动更灵敏，像上证指数这种以银行、证券、保险、基建等大市值股票为权重的指数，波动比较小，不能充分反映股票市场其他中小个股的真实情况。但是各大指数在大多数情况下的走势是相近的，在牛市或者熊市的情况下，大多数个股也会相应地大涨或者大跌，在指数上涨的行情中，大部分股票是上涨的，这时候买股票获得收益的成功率更高；相反，在指数下跌的行情中，大部分股票是下跌的，这时候买股票亏损的概率更大。投资者可以用指数趋势投资策略在牛市后期适当控制仓位，防止大熊市的大亏损。

操作重点一

从创业板的复盘操作来看，每次大牛市之后都会有相当大的跌幅，这时可以通过指数的60日均线来判断，一旦指数跌破60日均线就需要大幅减仓或者空仓，避免之后的熊市。在非牛市、熊市的时候，指数突破60日均线后可以适当加仓，跌破60日均线后可以适当减仓，避免不可知的大幅下跌。2020年2月美国股市的道琼斯工业平均指数跌破60日均线后，从29000多点跌到了18000多点，仅仅一个月的时间，指数跌幅接近40%，个股就跌得更惨了。从逻辑关系来看，未来可能因为新冠疫情的冲击而停工停产、经济衰退，甚至可能出现经济危机，从而投资者的信心瞬间崩溃，集中大量卖股持币，导致股市大跌。这些问题是需要投资者具备很高的经济素养才能想明白的。

而趋势投资策略很简单，普通投资者仅仅通过指数跌破60日均线的时候大量减持这么一个简单的方法，就可以规避绝大部分的亏损了。而这里也说明了股市的走势反映一切因素。美国股市这波大跌是受到新冠疫情的影响，作为普通投资者哪怕不知道其他因素如何影响股市，也能通过这个大趋势投资策略赚到钱，而且其极大地保证了资金的安全。20世纪30年代美国经济危机爆发，道琼斯工业平均指数从1929年的最高点（386.10）跌到了1932年的最低点（40.56），跌幅接近90%，个股就更加不敢想象了，很多人因而破产。

通过这个60日均线的指标，可以简单地避免绝大多数亏损，经济危机持续的那几年，道琼斯工业平均指数绝大多数时候是低于60日均线的。根据趋势投资策略，这种情况意味着指数一直处于低仓位，当超过60日均线之后，普通投资者还能在底部安全地抄底。股市有很多情况可能超出你的想象，像这种指数下跌90%，绝大多数人都想不到，所以普通投资者遵循简单有用的原则操作就可以了。散户要牢牢记住：60日均线是生命线，特别是个股跌破后一定要大减仓，在个股重新涨上60日均线后，再加仓回来。比如跌破60日均线的个股总仓位在二成以下，涨超60日均线的个股总仓位在八成以上，然后视个人风险加减仓，确定自己的可承受仓位范围。指数的60日均线的主要作用是防范经济危机或股灾。

操作重点二

操作重点一主要是根据指数情况控制总仓位。但是个股会有自身的走势，而指数走势也反映在个股走势中。在整体指数大幅下跌并跌破60

日均线后，大多数个股也会跟着下跌，或先或后地跌破60日均线，在操作上，普通投资者可以根据各只股票的走势相应地加减仓。在很差的股票行情里，也会有小部分股票出现上涨，比如2016年初到2018年初，创业板指数整体呈现下跌趋势，但是上证指数却呈现上涨趋势，出现了二八行情，即大多数的中小股票是下跌的，数量较小的大市值蓝筹股是上涨的。各指数的涨跌并不能影响所有个股，部分个股会有自己的独立走势，而这种独立走势取决于市场的风向。每一个时期，市场偏爱的个股类型都在变化，有时是成长股、低估值股，有时是题材股、周期股，等等，但毫无疑问，一个上涨趋势的个股，必然会突破60日均线，大家只需要在个股突破60日均线的时候买入，选择自己认为最有潜力的个股进行趋势操作即可。

第三节　个股趋势投资策略及其应用

个股趋势投资策略的核心是波动和大趋势，即个股需要有大波动才能发挥它的最大作用，而且上涨的个股才能赚钱，下跌的个股无论怎么操作都是极难赚钱的。普通投资者不适合融券做空。融券做空要求投资者有很好的策略和心态，而且做空的风险比做多的风险大很多。因为股价涨几倍就等于要亏损投资者做空本金的几倍，可能会导致投资者负债累累，而做多，即使亏损了，本金也可能还会在。上涨的个股主要集中在成长股、周期股和题材股，因为它们的业绩和上涨空间大，可以支撑大幅的上涨。

就目前而言，像银行、保险、航空、基建等比较成熟且饱和的行业，上涨的空间有限，波动也十分有限，它们可能翻倍上涨，但不可能几倍甚至10倍地上涨。这里需要明白一点，它们曾经也是成长股，曾经一段时间它们也是涨幅巨大，只是任何的成长股在其所在行业达到饱和后就会遇到增长瓶颈，从而增长停滞。成长股、周期股或者题材股都会随着时间的推移而变化，投资者需要寻找这类股票，并依据个股趋势投资策略进行操作，因为这类个股的涨幅和波动是市场上最大的，趋势投资策略能够完美契合这类股票。本节会介绍几个这种类型的个股趋势投资策略的应用。本节也是本书最重要的部分，学会就能应对大多数股票的涨跌。

个股和指数最大的不同在于波动的程度不同。个股的涨跌波动程度远远大于指数，个股可能因为出现的各种利好、利空消息或大资金操控等因素，瞬间涨停或者跌停，而指数不会出现这么剧烈的波动。个股可能今天涨停了而明天就跌停了，也就是说个股趋势变化更快，波动更大，周期相对更短，因而使用的方法也和指数不同。因为波动更大，笔者设置涨跌差值超过均线0.8%以上才触发买卖原则，采用的均线也有所变化，总体原则是以60日均线为大趋势原则，当大幅上涨后产生了各自相邻的均线差值超过限定值5%时，如果跌破均线就可以提前减仓，加回仓位则遵循哪条均线卖就在重新上涨超过那一条均线时买回来的原则。

下面例子中，个股的全仓不是全部仓位的全仓，而是限定仓位最高的全仓，例如单只股票的仓位不能超过总资金的30%，个股全仓就是总资金的30%。差值5%是相对长周期而言的，比如5日均线为1050点，10日均线为1000点，差值就是1050÷1000－1×100%=5%，大于等于5%时就触发卖出条件。

一、个股趋势投资策略的操作原则

以下七个操作原则是个股趋势投资策略最重要的操作核心，是全书的重点，掌握以下方法后，在股票买卖上，基本就不可能发生大亏损，而且适用性非常强，适合大多数股票，且采用以下方法获得的收益远超一直持股不动的收益。需要注意的是个股最好是成长股、周期股、题材股，如果不懂得如何分辨适合的股票的话，这里提供一个分辨方法，如果过去一年某只股票的最高股价除以最低股价低于1.7，那么说明这只股票就是低波动股票，不适合用以下策略。

原则一

个股处于涨超60日均线的上涨趋势中，跌破5日均线下方0.8%且5日均线和10日均线差值超过5%时，减六成仓。若后续个股涨超5日均线上方0.8%，加回之前的六成仓。若后续个股再次跌破10日均线下方0.8%位置且10日均线和20日均线差值超过5%，再减剩下的四成仓，变为空仓。若后续个股涨超5日均线上方0.8%，再涨超10日均线上方0.8%位置，加回之前的六成仓后再加四成仓。需要注意的大原则是，若在5日均线和10日均线已经大幅减仓的情况下，持续跌破20日均线、30日均线，在20日均线和30日均线之下即使之后涨超5日均线和10日均线也不再加仓买回，除非跌破20日均线、30日均线、60日均线后再涨超60日均线才可以加回满仓，跌破60日均线则空仓。

原则二

若个股处于涨超60日均线的上涨趋势中，跌破5日均线下方0.8%且5日均线和10日均线差值不超过5%，则不减仓。若后续个股再跌破10日均线下方0.8%且10日均线和20日均线差值不超过5%，则不减仓。若后续个股跌破20日均线下方0.8%且20日均线和30日均线差值超过5%，减六成仓。若个股继续跌破30日均线下方0.8%且30日均线和60日均线差值超过5%，再减四成仓。若后续个股再度涨回30日均线之上0.8%时加四成仓。若个股再次涨回20日均线上方0.8%时，再加六成仓，此时为满仓。即在哪条均线卖的涨上去后就在那条均线以同样的仓位买回来。

原则三

若个股处于涨超60日均线的上涨趋势中，跌破5日均线下方0.8%且5日均线和10日均线差值不足5%，则不减仓。若后续个股再跌破10日均线下方0.8%且10日均线和20日均线差值超过5%，则减六成仓。若后续个股涨超10日均线上方0.8%，则买回六成仓。若后续个股继续跌破20日均线下方0.8%且20日均线和30日均线差值超过5%，再减四成仓，此时为空仓。若个股后续涨回10日均线上方0.8%且不在20日均线和30日均线之下，再度买入六成仓，涨超20日均线上方0.8%时，买入四成仓。触发买回条件时在哪条均线卖出的就在那条均线以同样的仓位买回来。

原则四

若个股处于涨超60日均线的上涨趋势中，跌破5日均线下方0.8%且5日均线和10日均线差值不足5%，则不减仓。若后续个股再跌破10日均线下方0.8%且10日均线和20日均线差值不超过5%，仍不减仓。若后续个股再次跌破20日均线下方0.8%且20日均线和30日均线差值超过5%，减六成仓。若后续个股再次跌破30日均线下方0.8%且30日均线和60日均线差值超过5%，再减四成仓，之后个股涨回30日均线上方0.8%时买回四成仓，再涨回20日均线上方0.8%时，买回六成仓。

原则五

若个股处于涨超60日均线的上涨趋势中，跌破5日均线下方0.8%且5日均线和10日均线差值不足5%，则不减仓。若后续个股再跌破10日均线下方0.8%且10日均线和20日均线差值不超过5%，仍不减仓。后续个股再次跌破20日均线下方0.8%且20日均线和30日均线差值不超过5%，还不减仓，再跌破30日均线下方0.8%且30日均线和60日均线差值超过5%时，减六成仓。若后续个股涨回30日均线上方0.8%，再买回六成仓。若后续个股继续跌破60日均线下方0.8%，把剩下的四成仓卖出。

原则六

若个股跌破5日均线、10日均线、20日均线、30日均线任一均线下方0.8%，且其与下一相邻均线的差值超过5%，则触发一次减仓条件，减六成仓，第二次触发减仓条件，则再减四成仓。买回条件则是在哪条均线卖出的就在重新突破那一条均线上方0.8%的位置以同样的仓位买回（相邻均线是指5日均线和10日均线，10日均线和20日均线等，不能跨均线）。

前文所讲的各种原则对应的就是这种方法，只是讲解得更详细，熟练后只需根据原则六来操作即可。而这样做的原因是在大涨后的下跌中减少仓位，避免短期大跌吞噬利润。大涨后均线之间才有大差值，而小涨幅后均线之间的差值比较小，反复买卖会造成成本大幅增加，故这种情况下就不进行减仓等多余操作了。差值的大小依每个人的风险承受程度确定，每一次的情况不尽相同。另外，差值的5%是以两条均线中更长周期的那一条作为参照数值，比如5日均线和10日均线的差值5%，是以10日均线为参照数值，即5日均线除以与10日均线的差值超过5%。另外的减仓六成和四成只是方法之一，高位下跌的适合大幅减仓，但是真实情况会有很多种，可以根据实际情况做出选择。比如那种大趋势和上涨幅度不是很大的股票，可以先减五成仓，再减五成仓，也可以先减四成仓，再减六成仓，因为这类股在长趋势上更多表现为上涨，短趋势上会有反复涨跌，从而为减持过重仓位而重复买卖导致成本过高。相反，短时间上涨很多的个股，随时有可能大幅度回调，这种情况下先减六成仓，再减四成仓，能够保持较高的利润水平。这些都是需要根据实际情况做更好的减持仓位，投资者需要有一定的经验。

原则七

若个股处于涨超60日均线的上涨趋势中，逐一跌破5日均线、10日均线、20日均线、30日均线，但相邻均线差值都不足5%，则都不减仓，待跌破60日均线下方0.8%时，再全仓卖出。若个股突破60日均线后，又在短期内跌破60日均线，而60日均线下方有10日均线，则在跌破10日均线下方0.8%时全仓卖出；若下方没有10日均线，则跌破60日均线下方0.8%时全仓卖出。也可以像创业板指数那样，只要60日均线下方最低的均线没有被跌破，则继续持股，等跌破最低均线下方0.8%再卖出。这样操作是为了防止大跌后又急涨回来导致60日均线与最低均线的差值过大，从而导致再次跌破所有均线后产生大亏损。普通投资者可以根据实际情况来合理操作，一般除了60日均线外，最低均线和60日均线差值不超过5%，可以待跌破最低均线后再卖出，但是底线是跌破最低均线后必须全仓卖掉。

二、个股趋势投资策略的应用

笔者用一个强周期股——三一重工（在业绩高速增长的那几年也算是成长股）作为例子按照上面的操作原则操作。因为长期分红和配股会使得前复权和后复权数据不准确，不同年份看到的数据差异会很大，所以这个例子里采用的是除权后的走势图来分析和操作，但又因为其分红比例不高且没有配股，所以股票整体趋势不会受到很大的影响。

投资者在实际的操作中，遇到分红和配股的情况时，往往需要用前复权的走势图来分析趋势和进行操作。如果用前复权走势图的话，投资者会发现往后随着分红次数的增加，每次分红后看到的数据都不一样，所以这里采取除权的数据来分析。为了计算方便，购买时同样是整数全仓买入，不算股数，买入不算费用，卖出算0.12%的手续费（过户费和交易费用）。同时20日均线、30日均线、60日均线的数值按当天收盘的价格计算，以便读者能够看懂和学习，但是5日均线、10日均线受当天的波动影响而导致盘中和收盘的数值差距较大，因而将前一个交易的收盘价当作当天开平盘时的价格来算5日均线和10日均线，前部分会有详细的计算，后部分省略计算过程。时间周期为2014年7月15日到2022年11月2日。数据四舍五入，初始资金为10000元，白色箭头代表卖出，黄色箭头代表买入或者持有。

三一重工K线图分析一

2014年7月15日—12月1日三一重工K线图具体操作/分析见表2–26。

表2–26　2014年7月15日—12月1日三一重工K线图具体操作/分析

时间	具体操作/分析
2014年7月15日（图2–32箭头1）	三一重工涨超60日均线上方0.8%，为5.24元（5.2×1.008），触发原则一，全仓买入，持股10000元
2014年10月23日（图2–32箭头2）	三一重工跌破60日均线下方0.8%，为5.65元[5.7×（1−0.008）]，触发原则六，全仓卖出，持现金10770元[10000×（5.65÷5.24）×（1-0.12%）]。因为设置了5%的阈值，很多时候个股没有达到卖出条件，所以从第一次买入到卖出的这段时间都是不用操作的，大大减少了多余的操作导致的成本
2014年10月29日（图2–32箭头3）	三一重工涨超60日均线上方0.8%，为5.76元（5.71×1.008），触发原则一，全仓买入，持股10770元

2014年7月15日—12月1日三一重工K线图见图2–32。

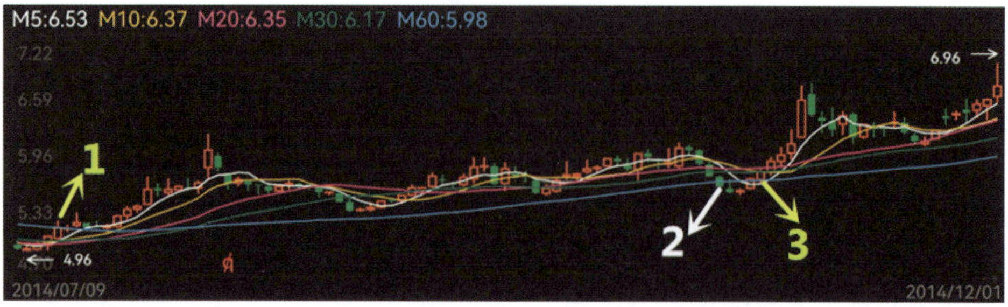

图2-32　2014年7月15日—12月1日三一重工K线图

三一重工K线图分析二

2014年12月1日—2015年4月24日三一重工K线图具体操作/分析见表2-27。

表2-27　2014年12月1日—2015年4月24日三一重工K线图具体操作/分析

时间	具体操作/分析
2014年12月8日（图2-33箭头1）	三一重工涨停，盘中跌破5日均线下方0.8%，实际并非如此，我们重新复盘当天的情况。首先是前一个交易日（2014年12月5日）三一重工的收盘价是7.55元，5日均线是7.11元。假设12月8日平盘开盘，即以7.55元开盘，其T-5的收盘价格即2014年12月1日交易日的收盘价为6.71元，则12月8日以平盘7.55元开盘时的5日均线为7.28元[7.11+(7.55-6.71)÷5]，若要触发卖出条件，则三一重工要跌破7.22元（7.28×0.992），而2014年12月8日的最低价为7.29元，所以没有触发卖出条件。看似跌破5日均线是因为当天收盘涨停将5日均线拉高了2%，在实际操盘中，可以在前一天晚上算好跌破5日均线的位置，跌破即卖出。后续像这种不符合卖出条件的情况不再详细讲解

续表

时间	具体操作/分析
2014年12月12日（图2-33箭头2）	三一重工跌破5日均线下方0.8%，5日均线为8.48元[8.28+（8.55-7.55）÷5]，5日均线下方0.8%为8.41元（8.48×0.992），且平盘价格开盘时10日均线为7.8元[7.6+（8.55-6.57）÷10]，其中7.6元是前一个交易日的10日均线，8.55元是前一个交易日的收盘价，6.57是T-10即2014年11月28日的收盘价6.57元，5日均线和10日均线差值超过5%［（8.48÷7.8-1）×100%=8.7%］，触发原则一，跌到8.41元时减六成仓，此时持股6290元[10770×（8.41÷5.76）×0.4]，持现金9424元[10770×（8.41÷5.76）×0.6×（1-0.12%）]
2014年12月15日（图2-33箭头3）	三一重工涨超5日均线上方0.8%，5日均线为8.444元[8.44+（8.33-8.31）÷5]，5日均线上方0.8%为8.51元（8.444×1.008），触发原则一，买入剩下的六成仓，此时持股15789元[6290×（8.51÷8.41）+9424]
2014年12月16日（图2-33箭头4）	三一重工跌破5日均线下方0.8%，为8.52元，且5日均线和10日均线差值超过5%，触发原则一，减六成仓，持股6323元，持现金9473元
2014年12月17日（图2-33箭头5）	三一重工涨超5日均线上方0.8%，为8.61元，触发原则一，开盘买入剩下的六成仓，持股15863元
2014年12月24日（图2-33箭头6）	三一重工跌破10日均线下方0.8%，为8.8元，且10日均线和20日均线差值超过5%，触发原则三，卖出六成仓，持股6485元，持现金9716元
2014年12月25日（图2-33箭头7）	三一重工开盘涨超10日均线上方0.8%，为9.27元，触发原则三，开盘买入剩下六成仓，此时持股16547元
2015年1月6日（图2-33箭头8）	三一重工跌破10日均线下方0.8%，为9.7元，且10日均线和20日均线差值超过5%，触发原则三，卖出六成仓，持股6926元，持现金10376元
2015年1月7日（图2-33箭头9）	三一重工涨超10日均线上方0.8%，为9.83元，触发原则三，买入剩下的六成仓，持股17395元
2015年1月8日（图2-33箭头10）	三一重工跌破10日均线下方0.8%，为9.76元，且10日均线和20日均线差值超过5%，触发原则三，减六成仓，持股6908元，持现金10350元

续表

时间	具体操作/分析
2015年1月9日（图2–33箭头11）	三一重工跌破20日均线下方0.8%，为9.27元，且20日均线和30日均线差值超过5%，触发原则三，继续减四成仓，持现金16903元。可以看到后续的一段时间内三一重工持续大跌，而采用个股趋势投资策略可以在规避这部分损失的同时获得大部分收益
2015年2月26日（图2–33箭头12）	三一重工涨超60日均线上方0.8%，为8.55元，触发原则一，全仓买入，持股16903元
2015年3月4日（图2–33箭头13）	三一重工跌破10日均线下方0.8%，为8.27元，触发原则七，全仓卖出，持现金16330元
2015年3月17日（图2–33箭头14）	三一重工涨超60日均线上方0.8%，为8.77元，触发原则一，全仓买入，持股16330元
2015年4月9日（图2–33箭头15）	三一重工跌破10日均线下方0.8%，为10.05元，且10日均线和20日均线差值超过5%，触发原则三，减六成仓，持股7485元，持现金11215元
2015年4月13日（图2–33箭头16）	三一重工涨超10日均线上方0.8%，为10.3元，触发原则三，买回六成仓，持股18886元
2015年4月23日（图2–33箭头17）	三一重工跌破5日均线下方0.8%，为11.49元，且5日均线和10日均线差值超过5%，触发原则一，减六成仓，持股8427元，持现金12626元
2015年4月24日（图2–33箭头18）	三一重工跌破10日均线下方0.8%，为11.05元，且10日均线和20日均线差值超过5%，触发原则一，再减四成仓，持现金20721元

2014年12月1日—2015年4月24日三一重工K线图见图2–33。

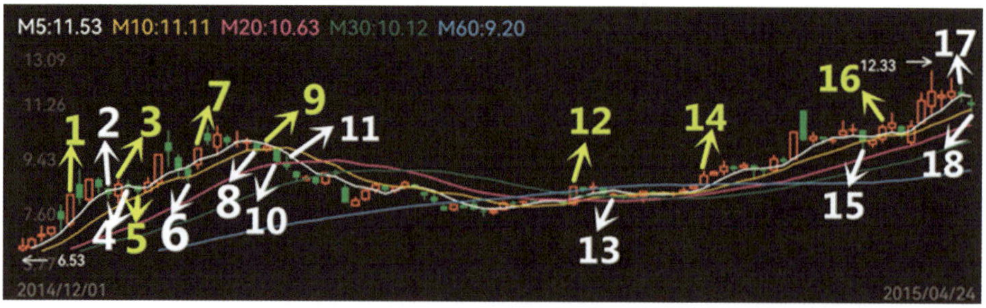

图2–33 2014年12月1日—2015年4月24日三一重工K线图

小结

从图2-32和图2-33的操作可以看到个股趋势投资策略的两个特点。第一个特点是在一些涨幅不明显的上涨趋势中，个股趋势投资策略可以大幅减少多次操作造成的成本增加。第二个特点是当个股大幅上涨时，各均线的差值会快速拉大，一旦个股进入横盘或者趋势不明显时会达到5%的阈值，多次触发卖出买入条件，反复买卖增加了交易成本。这是不可避免的，因为人无法准确预测股市，个股趋势投资策略恰恰适合大多数普通投资者，从这一点可以看到其通用性。

例如图2-32的箭头1、2、3这些位置有反复买卖操作，交易成本增加了，但我们可以从两种情况来分析个股趋势投资策略的优点。图2-32的箭头2卖出后，假设三一重工发生如2015年1月后续那种大跌，那么这种卖出操作就能完全躲过大跌；又假设三一重工后续发生像12月的那种继续上涨的情况，虽然以高价买回来了，成本高了，但是因为还有差不多一半的仓位是持股的，这一部分会因为上涨产生收益，所以即使成本有所上涨，实际上整体仓位还是继续赚钱的；再假设三一重工出现反复且持续时间较长的震荡，这种情况下收益会减少许多，但因为是从低位上涨来的，依然会有利润，这种情况是最差的。整体的理念是通过一个趋势策略来面对各种可能发生的情况。

三一重工K线图分析三

2015年4月24日—7月17日三一重工K线图具体操作/分析见表2-28。

表2-28　2015年4月24日—7月17日三一重工K线图具体操作/分析

时间	具体操作/分析
2015年4月27日（图2-34箭头1）	三一重工开盘涨超10日均线上方0.8%以上，为11.35元，触发原则一，开盘买入四成仓，后又继续涨超5日均线上方0.8%，为11.54元，触发原则一，继续买入剩下的六成仓，持股20860元
2015年4月28日（图2-34箭头2）	三一重工大跌7.22%，跌破10日均线、20日均线，但是10日均线和20日均线差值只有4.9%，20日均线和30日均线差值4.6%，都不触发减仓条件。可以看到不同的差值设置在不同情况下会出现大的收益差别，本可以大幅减仓躲避亏损的，仅仅因为差值差一点没减仓而大亏。设置过大的差值会无法避开很多中等下跌，但是差值设置过小，会在一些情况下由于操作频繁而大幅增加成本
2015年4月29日（图2-34箭头3）	三一重工跌破30日均线下方0.8%，为10.25元，且30日均线和60日均线差值超过5%，触发原则五，减六成仓，持股7411元，持现金11104元
2015年4月30日（图2-34箭头4）	三一重工涨超30日均线上方0.8%，为10.46元，触发原则五，买入剩下的六成仓，持股18667元
2015年5月4日（图2-34箭头5）	三一重工跌破30日均线下方0.8%，为10.34元，且30日均线和60日均线差值超过5%，触发原则五，减六成仓，持股7381元，持现金11058元
2015年5月5日（图2-34箭头6）	三一重工开盘涨超30日均线上方0.8%以上，为10.73元，触发原则五，开盘买入剩下的六成仓，持股18717元
2015年5月6日（图2-34箭头7）	三一重工开盘跌破30日均线下方超过0.8%，为10.12元，且30日均线和60日均线差值超过5%，触发原则五，减六成仓，持股7061元，持现金10579元
2015年5月19日（图2-34箭头8）	三一重工涨超30日均线上方0.8%，为10.64元，触发原则五，买入剩下的六成仓，持股18003元
2015年5月21日（图2-34箭头9）	三一重工跌破30日均线下方0.8%，但是有其他中短期均线支撑，和原则七的类似，短期内涨超30日均线后又跌破30日均线，且30日均线和60日均线差值超过5%，原则上应当要减仓。这种情况和创业板指数2013年6月27日的情况类似，上升冲击30日均线后回落，仍然属于多头行情，不需要减仓。它下方还有5日均线或者10日均线支撑，需要待跌破5日均线或10日均线最低者下方0.8%后再减六成仓，若没有5日均线或10日均线支撑，则跌破30日均线下方0.8%时减六成仓。故2015年5月21日不再减仓

续表

时间	具体操作/分析
2015年5月29日（图2-34箭头10）	三一重工跌破5日均线下方0.8%，为12.61元，且5日均线和10日均线差值超过5%，触发原则一，减六成仓，持股8535元，持现金12786元
2015年6月1日（图2-34箭头11）	三一重工开盘涨超5日均线上方0.8%，为13.51元，触发原则一，开盘买入剩下的六成仓，持股21930元
2015年6月2日（图2-34箭头12）	三一重工跌破5日均线下方0.8%，为13.07元，且5日均线和10日均线差值超过5%，触发原则一，减六成仓，持股8486元，持现金12714元
2015年6月3日（图2-34箭头13）	三一重工看似涨超5日均线上方0.8%，实则不是，以平盘价13.31元开盘的5日均线为13.23元，要触发条件则需要13.34元，当天最高价格为13.29元，故不触发买入条件
2015年6月4日（图2-34箭头14）	三一重工跌破10日均线下方0.8%，为12.72元，且10日均线和20日均线差值超过5%，触发原则一，继续减四成仓，持现金20963元
2015年6月8日（图2-34箭头15）	三一重工涨超5日均线上方0.8%，为12.92元，触发原则一，买入六成仓，持股12578元，持现金8385元
2015年6月9日（图2-34箭头16）	三一重工涨超10日均线上方0.8%，为13.06元，触发原则一，继续买入剩下的四成仓，持股21099元
2015年6月10日（图2-34箭头17）	三一重工开盘跌破10日均线下方超过0.8%，为12.88元，且10日均线和20日均线差值超过5%，触发原则三，减六成仓，持股8323元，持现金12470元
2015年6月11日（图2-34箭头18）	三一重工涨超10日均线上方0.8%，为13.05元，触发原则三，买回六成仓，持股20903元
2015年6月16日（图2-34箭头19）	三一重工跌破20日均线下方0.8%，为12.56元，且20日均线和30日均线差值超过5%，触发原则二，减六成仓，持股8047元，持现金12056元。2015年6月末，股灾开始，整体股票市场大跌自然而然地影响了个股的走势，但是个股的走势又反映了这个大因素的影响，说明个股走势是各因素合力的最终结果
2015年6月19日（图2-34箭头20）	三一重工开盘跌破30日均线下方超过0.8%，为11.83元，且30日均线和60日均线差值超过5%，触发原则二，再减四成仓，持现金19626元
2015年6月24日（图2-34箭头21）	三一重工涨超60日均线上方0.8%，为11.39元，触发原则一，全仓买入，持股19626元

续表

时间	具体操作/分析
2015年6月25日（图2-34箭头22）	三一重工跌破60日均线下方0.8%，为11.24元，触发原则七，全仓卖出，持现金19344元

2015年4月24日—7月17日三一重工K线图见图2-34。

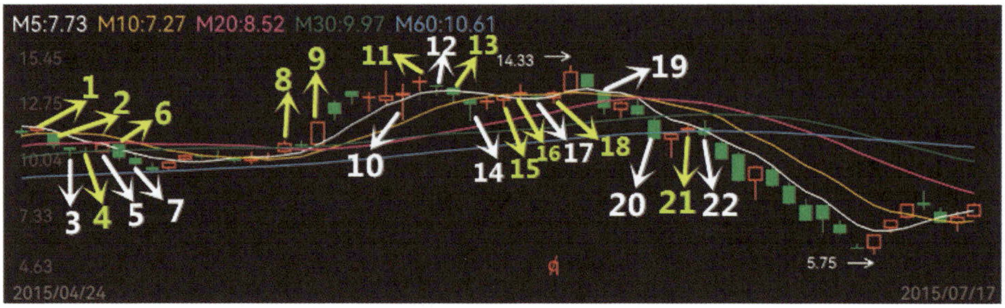

图2-34 2015年4月24日—7月17日三一重工K线图

小结

从图2-34可以看到三一重工在6月12日达到了2015年牛市的最高点14.33元，之后一路下跌，到7月9日最低点5.75元，跌幅达60%。一方面，大盘的走势体现在个股走势里，一般情况下可以根据个股趋势来操作；另一方面，每次牛市后的熊市导致许多个股跟跌，大盘涨幅过大时就有大跌的风险，这种情况下可以根据指数趋势投资策略降低总仓位。个股趋势投资策略最有优势的地方就是在大跌行情中能够最大限度地避免亏损。三一重工持续下跌时必然会持续低于60日均线，这时触发空仓条件，从2015年6月25日到11月5日都是空仓的。避免大额损失是个股趋势投资策略的一个显著优势。

图2-34的箭头10到箭头18之间因横盘震荡而反复买卖股票，

按理说会大幅增加交易成本，但是箭头10和箭头19的资产差不多，原因是设置了均线5%阈值和减仓六成。首先这种买卖交易是不可预测的，比如箭头10触发了卖出条件，投资者是不知道往后的时间里它会反复震荡还是真正跌破趋势线后大跌的，如果不卖出去，一旦出现箭头19后面的情况，会亏损严重。如果出现像箭头10后面这种反复震荡的情况，反复买卖股票又会增加交易成本，而设置仓位则大幅减少了这种成本。因为它不是满仓操作，所以成本的增加会比满仓减少一半左右，假设在较低的位置卖掉后，第二天又高开买回来，虽然成本增加了，但是在上涨趋势中各大趋势线是上移的，没卖的另一半仓位赚钱了，即使反复交易，也没有大幅增加交易成本。

如果是在下跌趋势中反复买卖，必然是大幅增加亏损的。在实际操盘中可以根据涨幅来确定减仓的幅度，比如这里是先六成仓位后四成仓位，如果涨幅很大，而且卖出价格与60日均线差值超过15%，可以减六成或七成仓位来操作，如果后面的行情大跌的话，可以稳住大部分收益。如果涨幅较小，或者卖出价格与60日均线差值不是很大，比如15%以内，可以少减仓，减四成或五成仓，那么这种大涨过后的横盘震荡就会亏损得更少。未来走势不可预料，没有最完美的策略，只能尽可能地把每一次的收益稳定住，即不追求极限收益，通过各种方法达到最佳的风险收益比。

三一重工K线图分析四

2015年7月17日—12月16日三一重工K线图具体操作见表2-29。

表2-29 2015年7月17日—12月16日三一重工K线图具体操作

时间	具体操作
2015年11月5日（图2-35箭头1）	三一重工涨超60日均线上方0.8%，为7.13元，触发原则一，全仓买入，持股19344元
2015年11月16日（图2-35箭头2）	三一重工跌破60日均线下方0.8%，为6.83元，触发原则七，全仓卖出，持现金18508元
2015年11月17日（图2-35箭头3）	三一重工开盘涨超60日均线上方0.8%以上，为7.07元，触发原则一，开盘全仓买入，持股18508元
2015年11月27日（图2-35箭头4）	三一重工跌破60日均线下方0.8%，为6.79元，触发原则七，全仓卖出，持现金17754元
2015年12月2日（图2-35箭头5）	三一重工涨超60日均线上方0.8%，为6.89元，触发原则一，全仓买入，持股17754元
2015年12月3日（图2-35箭头6）	三一重工开盘跌破60日均线下方超过0.8%，跌破10日均线下方0.8%，为6.75元，触发原则七，全仓卖出，持现金17372元

2015年7月17日—12月16日三一重工K线图见图2-35。

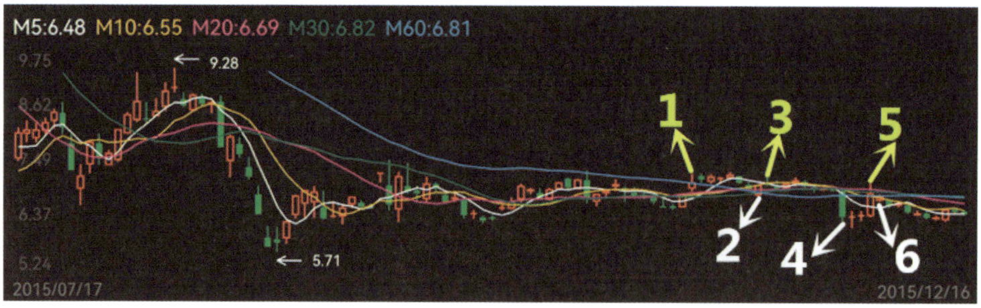

图2-35 2015年7月17日—12月16日三一重工K线图

小结

从图2-35可以看到采用个股趋势投资策略应对无明显趋势，即震荡或者横盘的情况基本是亏损的。因此波动很小、横盘情况比较多的个股是不适合使用该策略的，比如银行股这类市值大又没有业绩高增长性的。而成长股、周期股、题材股，因为有业绩爆发的可能，所以股价波动大，是最适合使用个股趋势投资策略的类型，这类股往往也是涨幅最大的。

三一重工K线图分析五

2015年12月16日—2016年6月27日三一重工K线图具体操作见表2-30。

表2-30 2015年12月16日—2016年6月27日三一重工K线图具体操作

时间	具体操作
2016年3月4日（图2-36箭头1）	三一重工涨超60日均线上方0.8%，为5.78元，触发原则一，全仓买入，持股17372元
2016年3月11日（图2-36箭头2）	三一重工在60日均线下方且跌破10日均线下方0.8%，为5.27元，触发原则七，全仓卖出，持现金15820元
2016年3月18日（图2-36箭头3）	三一重工涨超60日均线上方0.8%，为5.58元，触发原则一，全仓买入，持股15820元
2016年4月21日（图2-36箭头4）	三一重工跌破30日均线下方0.8%，为5.59元，且30日均线和60日均线差值超过5%，触发原则五，卖出六成仓，持股6339元，持现金9498元
2016年4月28日（图2-36箭头5）	三一重工跌破60日均线下方0.8%，为5.36元，触发原则五，继续卖出四成仓，持现金15569元
2016年5月3日（图2-36箭头6）	三一重工涨超60日均线上方0.8%，为5.46元，触发原则一，全仓买入，持股15569元
2016年5月6日（图2-36箭头7）	三一重工跌破60日均线下方0.8%，为5.42元，触发原则七，全仓卖出，持现金15436元

2015年12月16日—2016年6月27日三一重工K线图见图2-36。

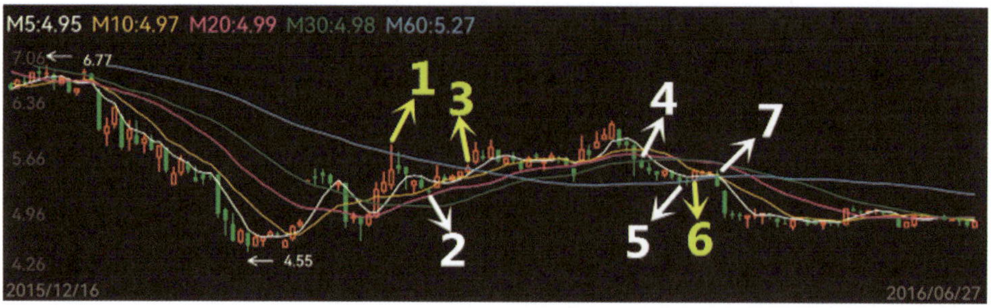

图2-36 2015年12月16日—2016年6月27日三一重工K线图

三一重工K线图分析六

2016年6月28日—2017年1月4日三一重工K线图具体操作见表2-31。

表2-31 2016年6月28日—2017年1月4日三一重工K线图具体操作

时间	具体操作
2016年7月5日（图2-37箭头1）	三一重工涨超60日均线上方0.8%，为5.25元，触发原则一，全仓买入，持股15436元
2016年11月17日（图2-37箭头2）	三一重工跌破5日均线下方0.8%，为6.67元，且5日均线和10日均线差值超过5%，触发原则一，减六成仓，持股7844元，持现金11753元。2016年11月18日5日均线没有触发买入条件
2016年11月21日（图2-37箭头3）	三一重工涨超5日均线上方0.8%，为6.81元，触发原则一，买回六成仓，持股19762元
2016年11月23日（图2-37箭头4）	三一重工跌破10日均线下方0.8%，为6.64元，且10日均线和20日均线差值超过5%，触发原则三，减六成仓，持股7707元，持现金11547元
2016年11月28日（图2-37箭头5）	三一重工涨超10日均线上方0.8%，为6.73元，触发原则三，买回六成仓，持股19358元
2016年12月5日（图2-37箭头6）	三一重工跌破30日均线下方0.8%，为6.29元，且30日均线和60日均线差值超过5%，触发原则五，减六成仓，持股7237元，持现金10842元

续表

时间	具体操作
2016年12月7日（图2-37箭头7）	三一重工涨超30日均线上方0.8%，为6.42元，触发原则五，买回六成仓，持股18229元
2016年12月12日（图2-37箭头8）	三一重工跌破30日均线下方0.8%，为6.39元，且30日均线和60日均线差值超过5%，触发原则五，减六成仓，持股7258元，持现金10873元
2016年12月14日（图2-37箭头9）	三一重工涨超30日均线上方0.8%，为6.52元，触发原则五，买回六成仓，持股18279元
2016年12月15日（图2-37箭头10）	三一重工开盘跌破30日均线下方0.8%，为6.45元，且30日均线和60日均线差值超过5%，触发原则五，减六成仓，持股7233元，持现金10837元
2016年12月26日（图2-37箭头11）	三一重工开盘跌破60日均线下方超过0.8%，为6.1元，触发原则五，继续减四成仓，持现金17669元
2016年12月27日（图2-37箭头12）	三一重工涨超60日均线上方0.8%，为6.23元，触发原则一，全仓买入，持股17669元
2016年12月28日（图2-37箭头13）	三一重工跌破60日均线下方0.8%，为6.14元，触发原则七，全仓卖出，持现金17393元
2017年1月4日（图2-37箭头14）	三一重工涨超60日均线上方0.8%，为6.28元，触发原则一，全仓买入，持股17393元

2016年6月28日—2017年1月4日三一重工K线图见图2-37。

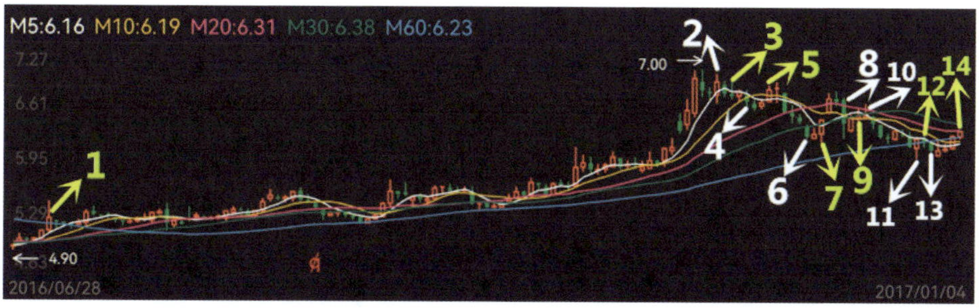

图2-37 2016年6月28日—2017年1月4日三一重工K线图

三一重工K线图分析七

2017年1月4日—8月30日三一重工K线图具体操作/分析见表2-32。

表2-32 2017年1月4日—8月30日三一重工K线图具体操作/分析

时间	具体操作/分析
2017年1月16日（图2-38箭头1）	三一重工跌破60日均线下方0.8%，为6.3元，触发原则七，全仓卖出，持现金17427元。当天最低价格为6.3元，后拉升回去，造成了较大的亏损，但制定了原则就要遵守，我们无法预测它跌到6.3元后会不会继续大幅下跌，触发了条件就得操作，如果跌破6.3元后继续大跌，就赚了
2017年1月17日（图2-38箭头2）	三一重工开盘涨超60日均线上方0.8%以上，为6.53元，触发原则一，开盘全仓买入，持股17427元
2017年4月12日（图2-38箭头3）	三一重工跌破60日均线下方0.8%，为7.14元，触发原则七，全仓卖出，持现金19032元
2017年6月9日（图2-38箭头4）	三一重工涨超60日均线上方0.8%，为7.12元，触发原则一，全仓买入，持股19032元
2017年7月6日（图2-38箭头5）	三一重工跌破10日均线下方0.8%，为8.07元，且10日均线和20日均线差值超过5%，触发原则三，减六成仓，持股8629元，持现金12927元
2017年7月10日（图2-38箭头6）	三一重工涨超10日均线上方0.8%，为8.17元，触发原则三，买回六成仓，持股21663元
2017年8月11日（图2-38箭头7）	三一重工跌破30日均线下方0.8%，为8.27元，且30日均线和60日均线差值超过5%，触发原则五，减六成仓，持股8771元，持现金13141元
2017年8月28日（图2-38箭头8）	三一重工涨超30日均线上方0.8%，为8.48元，触发原则五，买回六成仓，持股22135元
2017年8月30日（图2-38箭头9）	三一重工开盘跌破60日均线下方超过0.8%，为7.9元，触发原则七，开盘全仓卖出，持现金20596元

2017年1月4日—8月30日三一重工K线图见图2-38。

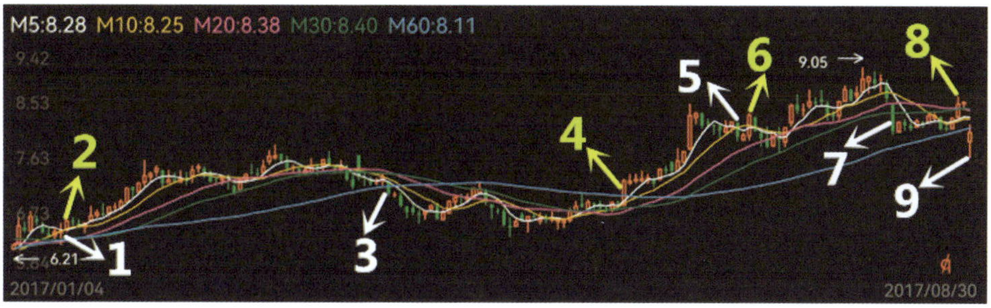

图2-38 2017年1月4日—8月30日三一重工K线图

小结

从图2-38可以看到个股趋势投资策略在个股有趋势的情况下，能够少次地交易，同时能获得大部分上涨的收益。三一重工在2017年1月到9月中只进行了9次交易，而其涨幅最高也不过50%，所以个股趋势投资策略最适合趋势比较明显的个股，而不适合横盘震荡的个股。

三一重工K线图分析八

2017年8月31日—2018年2月14日三一重工K线图具体操作见表2-33。

表2-33 2017年8月31日—2018年2月14日三一重工K线图具体操作

时间	具体操作
2017年10月17日（图2-39箭头1）	三一重工涨超60日均线上方0.8%，为8.13元，触发原则一，全仓买入，持股20596元
2017年10月20日（图2-39箭头2）	三一重工开盘跌破10日均线下方0.8%，为7.78元，触发原则七，开盘全仓卖出，持现金19686元

续表

时间	具体操作
2017年10月25日（图2-39箭头3）	三一重工涨超60日均线上方0.8%，为8.08元，触发原则一，全仓买入，持股19686元
2017年11月2日（图2-39箭头4）	三一重工跌破60日均线下方0.8%，为7.93元，触发原则七，全仓卖出，持现金19297元
2017年11月8日（图2-39箭头5）	三一重工涨超60日均线上方0.8%，为7.98元，触发原则一，全仓买入，持股19297元
2017年12月21日（图2-39箭头6）	三一重工开盘跌破60日均线下方超过0.8%，为8.17元，触发原则七，开盘全仓卖出，持现金19733元
2017年12月22日（图2-39箭头7）	三一重工开盘涨超60日均线上方0.8%以上，为8.39元，触发原则一，全仓买入，持股19733元
2018年1月11日（图2-39箭头8）	三一重工跌破10日均线下方0.8%，为9.44元，且10日均线和20日均线差值超过5%，触发原则三，减六成仓，持股8881元，持现金13306元
2018年1月16日（图2-39箭头9）	三一重工涨超10日均线上方0.8%，为9.58元，触发原则三，买回六成仓，持股22319元
2018年2月1日（图2-39箭头10）	三一重工跌破60日均线下方0.8%，为8.92元，触发原则七，全仓卖出，持现金20756元
2018年2月2日（图2-39箭头11）	三一重工开盘涨超60日均线上方0.8%以上，为9.1元，触发原则一，开盘全仓买入，持股20756元
2018年2月7日（图2-39箭头12）	三一重工跌破60日均线下方0.8%，为8.97元，触发原则七，全仓卖出，持现金20435元

2017年8月31日—2018年2月14日三一重工K线图见图2-39。

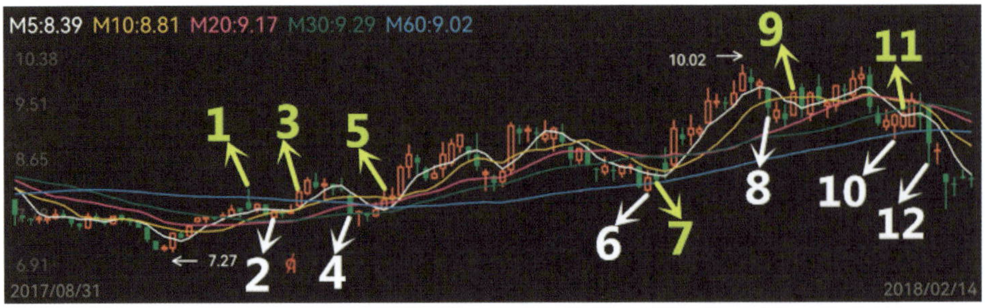

图2-39　2017年8月31日—2018年2月14日三一重工K线图

三一重工K线图分析九

2018年2月14日—8月6日三一重工K线图具体操作见表2-34。

表2-34　2018年2月14日—8月6日三一重工K线图具体操作

时间	具体操作
2018年4月24日（图2-40箭头1）	三一重工涨超60日均线上方0.8%，为8.61元，触发原则一，全仓买入，持股20435元
2018年5月24日（图2-40箭头2）	三一重工跌破60日均线下方0.8%，为8.32元，触发原则七，全仓卖出，持现金19699元
2018年6月12日（图2-40箭头3）	三一重工涨超60日均线上方0.8%，为8.43元，触发原则一，全仓买入，持股19699元
2018年6月20日（图2-40箭头4）	三一重工跌破60日均线下方0.8%，为8.32元，触发原则七，全仓卖出，持现金19419元
2018年6月21日（图2-40箭头5）	三一重工涨超60日均线上方0.8%，为8.47元，触发原则一，全仓买入，持股19419元
2018年7月4日（图2-40箭头6）	三一重工跌破60日均线下方0.8%，为8.44元，触发原则七，全仓卖出，持现金19327元
2018年7月20日（图2-40箭头7）	三一重工涨超60日均线上方0.8%，为8.56元，触发原则一，全仓买入，持股19327元

2018年2月14日—8月6日三一重工K线图见图2-40。

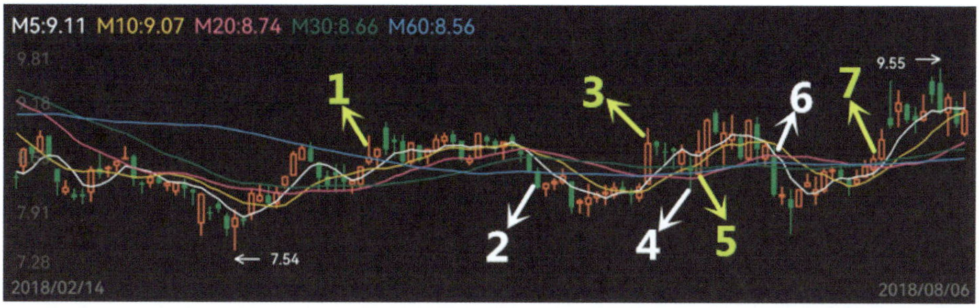

图2-40　2018年2月14日—8月6日三一重工K线图

小结

从图2-40可以看到三一重工在2018年2月到8月近6个月的震荡行情里亏损了5%。

三一重工K线图分析十

2018年8月6日—2019年1月22日三一重工K线图具体操作见表2-35。

表2-35 2018年8月6日—2019年1月22日三一重工K线图具体操作

时间	具体操作
2018年9月6日（图2-41箭头1）	三一重工跌破60日均线下方0.8%，为8.78元，触发原则七，全仓卖出，持现金19800元
2018年9月26日（图2-41箭头2）	三一重工涨超60日均线上方0.8%，为8.9元，触发原则一，全仓买入，持股19800元
2018年10月9日（图2-41箭头3）	三一重工跌破10日均线下方0.8%，为8.68元，触发原则七，全仓卖出，持现金19287元
2018年12月12日（图2-41箭头4）	三一重工涨超60日均线上方0.8%，为8.27元，触发原则一，全仓买入，持股19287元
2019年1月2日（图2-41箭头5）	三一重工跌破60日均线下方0.8%，为8.09元，触发原则七，全仓卖出，持现金18845元
2019年1月9日（图2-41箭头6）	三一重工涨超60日均线上方0.8%，为8.2元，触发原则一，全仓买入，持股18845元
2019年1月10日（图2-41箭头7）	三一重工跌破60日均线下方0.8%，为8.06元，触发原则七，全仓卖出，持现金18501元
2019年1月11日（图2-41箭头8）	三一重工涨超60日均线上方0.8%，为8.2元，触发原则一，全仓买入，持股18501元

2018年8月6日—2019年1月22日三一重工K线图见图2-41。

图2-41 2018年8月6日—2019年1月22日三一重工K线图

三一重工K线图分析十一

2019年1月23日—5月27日三一重工K线图具体操作见表2-36。

表2-36 2019年1月23日—5月27日三一重工K线图具体操作

时间	具体操作
2019年3月8日（图2-42箭头1）	三一重工跌破10日均线下方0.8%，为10.94元，且10日均线和20日均线差值超过5%，触发原则三，减六成仓，持股9873元，持现金14792元
2019年3月11日（图2-42箭头2）	三一重工涨超10日均线上方0.8%，为11.12元，触发原则三，买回六成仓，持股24827元
2019年3月22日（图2-42箭头3）	三一重工跌破5日均线下方0.8%，为12.93元，且5日均线和10日均线差值超过5%，触发原则一，减六成仓，持股11547元，持现金17300元
2019年3月25日（图2-42箭头4）	三一重工跌破10日均线下方0.8%，为12.41元，触发原则一，继续减四成仓，持现金28369元
2019年3月29日（图2-42箭头5）	三一重工涨超5日均线上方0.8%，为12.27元，触发原则一，买入六成仓，持股17021元。后三一重工继续涨超10日均线上方0.8%，为12.67元，触发原则一，继续买入剩下四成仓，持股28923元
2019年4月22日（图2-42箭头6）	三一重工跌破30日均线下方0.8%，为12.63元，且30日均线和60日均线差值超过5%，触发原则五，减六成仓，持股11533元，持现金17278元

续表

时间	具体操作
2019年5月6日（图2-42箭头7）	三一重工跌破60日均线下方0.8%，为11.6元，触发原则五，继续减四成仓，持现金27858元
2019年5月7日（图2-42箭头8）	三一重工涨超60日均线上方0.8%，为11.83元，触发原则一，全仓买入，持股27858元
2019年5月9日（图2-42箭头9）	三一重工跌破60日均线下方0.8%，为11.74元，触发原则七，全仓卖出，持现金27613元
2019年5月10日（图2-42箭头10）	三一重工开盘涨超60日均线上方0.8%以上，为12.02元，触发原则一，开盘全仓买入，持股27613元
2019年5月15日（图2-42箭头11）	三一重工跌破60日均线下方0.8%，为11.9元，触发原则七，全仓卖出，持现金27305元
2019年5月16日（图2-42箭头12）	三一重工涨超60日均线上方0.8%，为12.14元，触发原则一，全仓买入，持股27305元
2019年5月17日（图2-42箭头13）	三一重工跌破10日均线下方0.8%且10日均线在60日均线下方，为11.93元，触发原则七，全仓卖出，持现金26800元
2019年5月27日（图2-42箭头14）	三一重工涨超60日均线上方0.8%，为12.35元，触发原则一，全仓买入，持股26800元

2019年1月23日—5月27日三一重工K线图见图2-42。

图2-42　2019年1月23日—5月27日三一重工K线图

小结

从图2-41和图2-42可以看到，从2019年1月11日买入三一重工开始，出现了一大波上涨行情，到2019年5月末，收益达50%左右，用个股趋势投资策略操作和从2019年1月11日买入后一直持仓的收益接近。可见个股趋势投资策略有这样一个优点：在上涨趋势中能获得绝大部分收益。因为各自认知的不同和股价不可预测，所以投资者难以判断股价会上涨多少。假设这里上涨了10倍，使用个股趋势投资策略的方法操作，至少能赚到8倍的收益，但仅仅靠投资者自己判断股价涨幅并进行操作，绝大多数人很可能在股价上涨几倍的时候就已经因害怕股价已至高点而提前离场了，即个人能力会影响对股价涨幅的判断，而个股趋势投资策略不需要这种主观判断，其认为存在即合理，只需顺势而为，所以对于一般投资者而言，其具有较强的实用性。

三一重工K线图分析十二

2019年5月27日—11月11日三一重工K线图具体操作见表2-37。

表2-37　2019年5月27日—11月11日三一重工K线图具体操作

时间	具体操作
2019年5月31日 （图2-43箭头1）	三一重工跌破10日均线下方0.8%，为12.06元，触发原则七，全仓卖出，持现金26139元
2019年6月11日 （图2-43箭头2）	三一重工涨超60日均线上方0.8%，为12.54元，触发原则一，全仓买入，持股26139元
2019年7月8日 （图2-43箭头3）	三一重工跌破60日均线下方0.8%，为12.43元，触发原则七，全仓卖出，持现金25879元

续表

时间	具体操作
2019年7月9日（图2-43箭头4）	三一重工开盘涨超60日均线上方0.8%以上，为12.65元，触发原则一，开盘全仓买入，持股25879元
2019年8月15日（图2-43箭头5）	三一重工开盘跌破60日均线下方超过0.8%，为12.82元，触发原则七，开盘全仓卖出，持现金26195元
2019年8月16日（图2-43箭头6）	三一重工开盘涨超60日均线上方0.8%以上，为13.29元，触发原则一，全仓买入，持股26195元
2019年10月24日（图2-43箭头7）	三一重工跌破60日均线下方0.8%，为14.03元，触发原则七，全仓卖出，持现金27620元
2019年11月5日（图2-43箭头8）	三一重工涨超60日均线上方0.8%，为14.22元，触发原则一，全仓买入，持股27620元
2019年11月6日（图2-43箭头9）	三一重工跌破10日均线下方0.8%，为13.84元，触发原则七，全仓卖出，持现金26850元
2019年11月8日（图2-43箭头10）	三一重工涨超60日均线上方0.8%，为14.24元，触发原则一，全仓买入，持股26850元
2019年11月11日（图2-43箭头11）	三一重工跌破10日均线下方0.8%，为13.84元，触发原则七，全仓卖出，持现金26064元

2019年5月27日—11月11日三一重工K线图见图2-43。

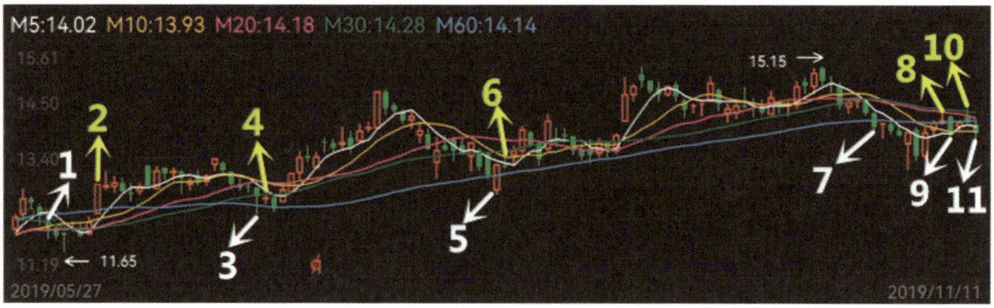

图2-43 2019年5月27日—11月11日三一重工K线图

三一重工K线图分析十三

2019年11月15日—2020年3月16日三一重工K线图具体操作见表2-38。

表2-38 2019年11月15日—2020年3月16日三一重工K线图具体操作

时间	具体操作
2019年11月19日（图2-44箭头1）	三一重工涨超60日均线上方0.8%，为14.32元，触发原则一，全仓买入，持股26064元
2020年1月21日（图2-44箭头2）	三一重工跌破30日均线下方0.8%，为16.43元，且30日均线和60日均线差值超过5%，触发原则五，减六成仓，持股11962元，持现金17921元
2020年1月22日（图2-44箭头3）	三一重工涨超30日均线上方0.8%，为16.72元，触发原则五，买回六成仓，持股30094元
2020年1月23日（图2-44箭头4）	三一重工跌破30日均线下方0.8%，为16.46元，且30日均线和60日均线差值超过5%，触发原则五，减六成仓，持股11850元，持现金17754元
2020年2月3日（图2-44箭头5）	三一重工开盘跌破60日均线下方超过0.8%，开盘跌停为14.43元，触发原则七，打开跌停后在14.43元继续减四成仓，持现金28130元
2020年2月5日（图2-44箭头6）	三一重工涨超60日均线上方0.8%，为15.78元，触发原则一，全仓买入，持股28130元
2020年2月6日（图2-44箭头7）	三一重工跌破60日均线下方0.8%，为15.55元，触发原则七，全仓卖出，持现金27687元
2020年2月7日（图2-44箭头8）	三一重工涨超60日均线上方0.8%，为15.84元，触发原则一，全仓买入，持股27687元
2020年2月10日（图2-44箭头9）	三一重工跌破60日均线下方0.8%，为15.62元，触发原则七，全仓卖出，持现金27270元
2020年2月11日（图2-44箭头10）	三一重工开盘涨超60日均线上方0.8%以上，为16.33元，触发原则一，全仓买入，持股27270元
2020年3月13日（图2-44箭头11）	三一重工开盘跌破60日均线下方超过0.8%，为16.18元，触发原则七，全仓卖出，持现金26987元

2019年11月15日—2020年3月16日三一重工K线图见图2-44。

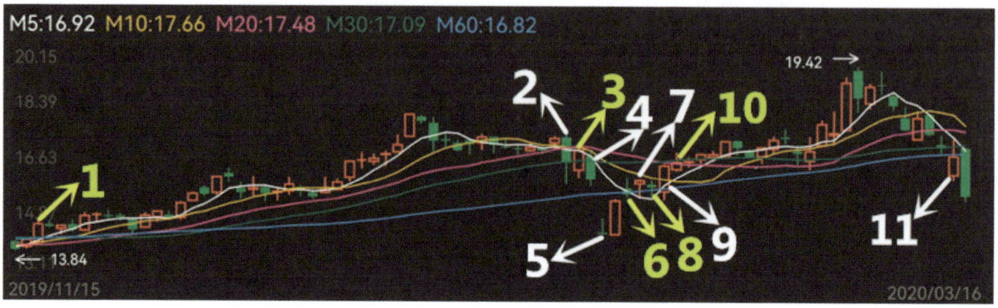

图2-44　2019年11月15日—2020年3月16日三一重工K线图

小结

从图2-44可以看到三一重工在新冠疫情利空影响大市的情况下，2020年2月左右出现了非规则的波动，从箭头2到箭头10，几乎每一个交易日都有操作，从而造成了接近10%的亏损。但这又是不可避免的，假如它是美股，在当时疫情的影响下道琼斯工业平均指数下跌40%，这种减仓就能避免绝大部分的亏损，是非常完美的操作。个股趋势投资策略是相对客观的，即使出现一些不规则的走势，我们也要遵守其原则，这样才能保证在大趋势上不出错。

三一重工K线图分析十四

2020年3月10日—6月29日三一重工K线图具体操作见表2-39。

表2-39　2020年3月10日—6月29日三一重工K线图具体操作

时间	具体操作
2020年3月16日（图2-45箭头1）	三一重工开盘涨超60日均线上方0.8%以上，为17元，触发原则一，全仓买入，持股26987元
2020年3月17日（图2-45箭头2）	三一重工开盘跌破60日均线超过0.8%，为15.51元，触发原则七，开盘全仓卖出，持现金24592元
2020年3月25日（图2-45箭头3）	三一重工开盘涨超60日均线上方0.8%以上，为17.35元，触发原则一，全仓买入，持股24592元
2020年5月15日（图2-45箭头4）	三一重工跌破30日均线下方0.8%，为19.2元，且30日均线和60日均线差值超过5%，触发原则五，减六成仓，持股10886元，持现金16309元
2020年5月18日（图2-45箭头5）	三一重工开盘涨超30日均线上方0.8%以上，为19.68元，触发原则五，开盘买回六成仓，持股27467元
2020年5月20日（图2-45箭头6）	三一重工跌破30日均线下方0.8%，为19.42元，且30日均线和60日均线差值超过5%，触发原则五，减六成仓，持股10842元，持现金16243元
2020年5月27日（图2-45箭头7）	三一重工跌破60日均线下方0.8%，为18.36元，触发原则五，继续减四成仓，持现金26481元
2020年6月1日（图2-45箭头8）	三一重工涨超60日均线上方0.8%，为18.67元，触发原则一，全仓买入，持股26481元
2020年6月22日（图2-45箭头9）	三一重工跌破60日均线下方0.8%，为18.94元，触发原则七，全仓卖出，持现金26832元

2020年3月10日—6月29日三一重工K线图见图2-45。

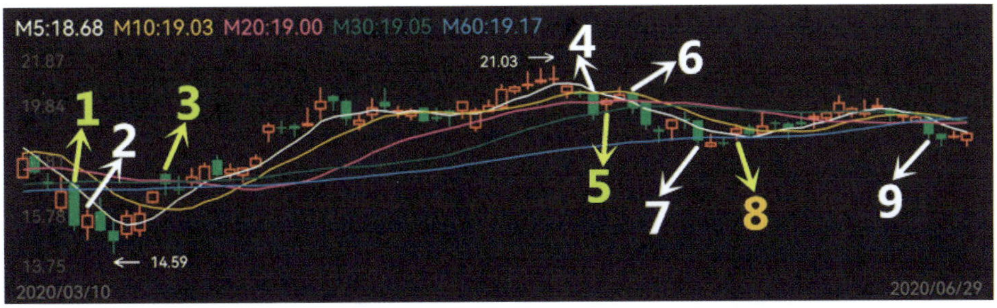

图2-45　2020年3月10日—6月29日三一重工K线图

三一重工K线图分析十五

2020年6月24日—10月15日三一重工K线图具体操作见表2-40。

表2-40 2020年6月24日—10月15日三一重工K线图具体操作

时间	具体操作
2020年7月1日（图2-46箭头1）	三一重工涨超60日均线上方0.8%，为19.37元，触发原则一，全仓买入，持股26832元
2020年7月16日（图2-46箭头2）	三一重工跌破10日均线下方0.8%，为20.83元，且20日均线和30日均线差值超过5%，触发原则三，减六成仓，持股11542元，持现金17292元
2020年7月17日（图2-46箭头3）	三一重工涨超10日均线上方0.8%，为21.07元，触发原则三，买回六成仓，持股28967元
2020年8月10日（图2-46箭头4）	三一重工跌破30日均线下方0.8%，为20.91元，且30日均线和60日均线差值超过5%，触发原则五，减六成仓，持股11499元，持现金17228元
2020年8月11日（图2-46箭头5）	三一重工涨超30日均线上方0.8%，为21.32元，触发原则五，买回六成仓，持股28952元
2020年8月12日（图2-46箭头6）	三一重工开盘跌破30日均线下方超过0.8%，为20.9元，且30日均线和60日均线差值超过5%，触发原则五，减六成仓。后三一重工继续跌破60日均线下方0.8%，为19.94元，触发原则五，继续减四成仓，持现金27827元
2020年8月13日（图2-46箭头7）	三一重工开盘涨超60日均线上方0.8%以上，为20.4元，触发原则一，全仓买入，持股27827元
2020年8月14日（图2-46箭头8）	三一重工跌破60日均线下方0.8%，为19.95元，触发原则七，全仓卖出，持现金27181元
2020年8月17日（图2-46箭头9）	三一重工开盘涨超60日均线上方0.8%以上，为20.45元，触发原则一，开盘全仓买入，持股27181元

2020年6月24日—10月15日三一重工K线图见图2-46。

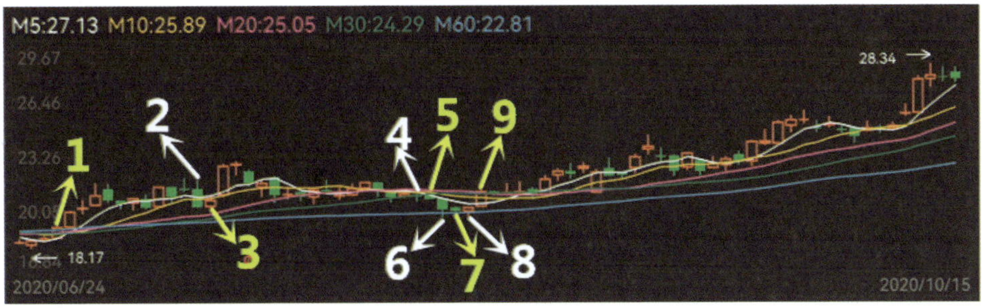

图2-46　2020年6月24日—10月15日三一重工K线图

三一重工K线图分析十六

2020年10月16日—12月31日三一重工K线图具体操作见表2-41。

表2-41　2020年10月16日—12月31日三一重工K线图具体操作

时间	具体操作
2020年10月16日（图2-47箭头1）	三一重工跌破5日均线下方0.8%，为27.29元，且5日均线和10日均线差值超过5%，触发原则一，减六成仓，持股14509元，持现金21737元
2020年10月23日（图2-47箭头2）	三一重工跌破30日均线下方0.8%，为24.88元，且30日均线和60日均线差值超过5%，属于其他情况，触发原则六，继续减四成仓，持现金34949元
2020年10月28日（图2-47箭头3）	三一重工涨超30日均线上方0.8%，为25.5元，触发原则六，买回四成仓。后三一重工继续涨超5日均线上方0.8%，为25.6元，触发原则六，继续买回六成仓，持股35004元
2020年10月29日（图2-47箭头4）	三一重工开盘跌破30日均线下方超过0.8%，为25元，且30日均线和60日均线差值超过5%，触发原则三，减六成仓，持股13673元，持现金20486元
2020年10月30日（图2-47箭头5）	三一重工开盘涨超30日均线上方0.8%以上，为25.88元，触发原则三，买回六成仓，持股34640元
2020年11月3日（图2-47箭头6）	三一重工跌破30日均线下方0.8%，为25.5元，且30日均线和60日均线差值超过5%，触发原则三，减六成仓，持股13653元，持现金20454元
2020年11月5日（图2-47箭头7）	三一重工涨超30日均线上方0.8%，为26.07元，触发原则三，买回六成仓，持股34412元

2020年10月16日—12月31日三一重工K线图见图2–47。

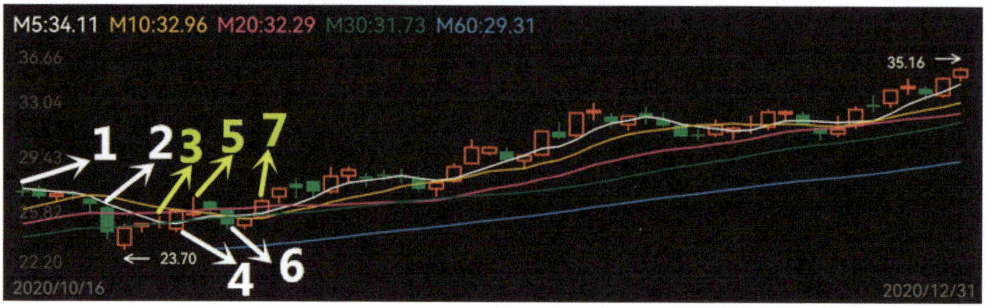

图2–47　2020年10月16日—12月31日三一重工K线图

三一重工K线图分析十七

2020年12月30日—2021年3月8日三一重工K线图具体操作/分析见表2–42。

表2–42　2020年12月30日—2021年3月8日三一重工K线图具体操作/分析

时间	具体操作/分析
2021年1月14日（图2–48箭头1）	三一重工跌破5日均线下方0.8%，为42.92元，且5日均线和10日均线差值超过5%，触发原则一，减六成仓，持股22661元，持现金33951元
2021年1月15日（图2–48箭头2）	三一重工跌破10日均线下方0.8%，为40.02元，且10日均线和20日均线差值超过5%，触发原则一，继续减四成仓，持现金55055元
2021年1月18日（图2–48箭头3）	三一重工开盘涨超10日均线上方0.8%以上，为41.45元，触发原则一，买回四成仓，持股22022元，持现金33033元
2021年1月19日（图2–48箭头4）	三一重工开盘跌破10日均线下方超过0.8%，为41.01元，且10日均线和20日均线差值超过5%，触发原则一，减四成仓，持现金54795元
2021年1月21日（图2–48箭头5）	三一重工涨超5日均线上方0.8%，为40.74元，触发原则一，买回六成仓，持股32877元，持现金21918元
2021年1月25日（图2–48箭头6）	三一重工涨超10日均线上方0.8%，为42.11元，触发原则一，继续买回四成仓，持股55901元

续表

时间	具体操作/分析
2021年1月26日（图2-48箭头7）	三一重工跌破10日均线下方0.8%，为41.45元，且10日均线和20日均线差值超过5%，触发原则三，减六成仓，持股22010元，持现金32975元
2021年1月27日（图2-48箭头8）	三一重工涨超10日均线上方0.8%，为41.64元，触发原则三，买回六成仓，持股55086元
2021年1月28日（图2-48箭头9）	三一重工跌破20日均线下方0.8%，为40.19元，且20日均线和30日均线差值超过5%，触发原则二，减六成仓，持股21267元，持现金31862元
2021年1月29日（图2-48箭头10）	三一重工开盘涨超20日均线上方0.8%以上，为41.14元，触发原则二，买回六成仓，持股53632元
2021年2月1日（图2-48箭头11）	三一重工开盘跌破20日均线下方超过0.8%，为40.1元，且20日均线和30日均线差值超过5%，触发原则二，减六成仓，持股20910元，持现金31328元
2021年2月2日（图2-48箭头12）	三一重工开盘涨超20日均线上方0.8%以上，为42.2元，触发原则二，买回六成仓，持股53333元
2021年2月4日（图2-48箭头13）	三一重工跌破20日均线下方0.8%，为41.5元，且20日均线和30日均线差值超过5%，触发原则二，减六成仓，持股20979元，持现金31431元
2021年2月5日（图2-48箭头14）	三一重工开盘涨超20日均线上方0.8%以上，为42.44元，触发原则二，买回六成仓，持股52885元
2021年2月19日（图2-48箭头15）	三一重工跌破5日均线下方0.8%，为46.43元，且5日均线和10日均线差值超过5%，触发原则一，减六成仓，持股23143元，持现金34673元
2021年2月25日（图2-48箭头16）	三一重工跌破30日均线下方0.8%，为42.45元，且30日均线和60日均线差值超过5%，触发原则六，继续减四成仓，持现金55807元
2021年3月1日（图2-48箭头17）	三一重工涨超5日均线上方0.8%，为42.87元，但是依然在30日均线下方，故在涨回30日均线42.9元的时候再买回六成仓。后三一重工继续涨超30日均线上方0.8%，为43.24元，触发原则六，继续买回四成仓，持股56072元。这里需要注意的是，如果5日均线在30日均线下方是不买入的，但是像这种涨超5日均线后，又继续涨超30日均线的特殊情况，可以买回相对应的仓位

续表

时间	具体操作/分析
2021年3月3日 （图2–48箭头18）	三一重工跌破30日均线下方0.8%，为42.45元，且30日均线和60日均线差值超过5%，触发原则五，减六成仓，持股22019元，持现金32989元

2020年12月30日—2021年3月8日三一重工K线图见图2–48。

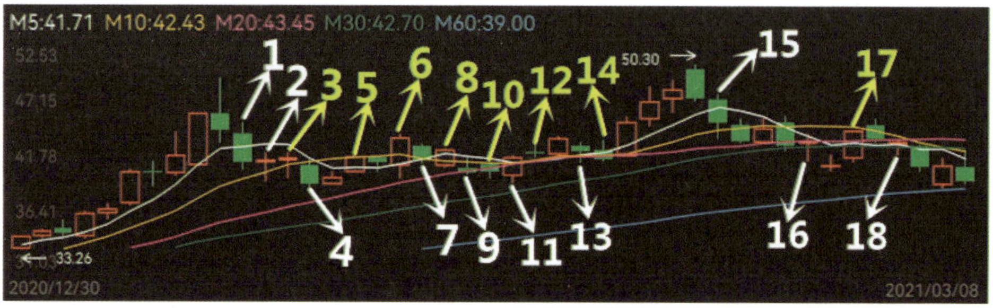

图2–48　2020年12月30日—2021年3月8日三一重工K线图

小结

在大幅上涨的行情下，使用个股趋势投资策略来操作三一重工，既获得了绝大部分利润又没有过多的操作。在2021年1月，随着三一重工进入横盘阶段，交易次数大幅增加，原因是股价到达高点后，多空情绪处于势均力敌的状态，三一重工反复涨跌，没有出现明显趋势，多次触发条件进行买卖交易造成了亏损。虽然图2–48中的交易次数高达10多次，但亏损是比较有限的，在10%左右。如果普通投资者没有极强的能力，可以使用这种比较客观简单的策略。后面三一重工从顶峰的50.3元一路下跌到14.58元。使用该策略虽然有时会在不是真正的下跌趋势卖出而造成成本增加，可是一旦出现大跌情况能有效地规避绝大部分的亏损，先保本再追求收益是笔者最希望读者学到的。

三一重工K线图分析十八

2021年3月3日—10月29日三一重工K线图具体操作见表2-43。

表2-43 2021年3月3日—10月29日三一重工K线图具体操作

时间	具体操作
2021年3月9日（图2-49箭头1）	三一重工跌破60日均线下方0.8%，为38.77元，触发原则五，继续减四成仓，持现金53075元
2021年8月3日（图2-49箭头2）	三一重工涨超60日均线上方0.8%，为28.22元，触发原则一，全仓买入，持股53075元
2021年8月9日（图2-49箭头3）	三一重工跌破5日均线下方0.8%，为29.56元，且5日均线和10日均线差值超过5%，触发原则一，减六成仓，持股22238元，持现金33317元
2021年8月10日（图2-49箭头4）	三一重工开盘涨超5日均线上方0.8%以上，为31.3元，触发原则一，买回六成仓，持股56864元
2021年8月12日（图2-49箭头5）	三一重工跌破5日均线下方0.8%，为30.78元，且5日均线和10日均线差值超过5%，触发原则一，减六成仓，持股22368元，持现金33511元
2021年8月16日（图2-49箭头6）	三一重工跌破10日均线下方0.8%，为30.29元，且10日均线和20日均线差值超过5%，触发原则一，再减四成仓，持现金55496元
2021年8月20日（图2-49箭头7）	三一重工涨超60日均线上方0.8%，为28.33元，触发原则一，全仓买入，持股55496元
2021年8月23日（图2-49箭头8）	三一重工跌破60日均线下方0.8%，为27.86元，触发原则七，全仓卖出，持现金54510元
2021年8月24日（图2-49箭头9）	三一重工开盘涨超60日均线上方0.8%以上，为28.87元，触发原则一，全仓买入，持股54510元
2021年8月25日（图2-49箭头10）	三一重工跌破60日均线下方0.8%，为27.74元，触发原则七，全仓卖出，持现金52314元
2021年9月1日（图2-49箭头11）	三一重工涨超60日均线上方0.8%，为27.88元，触发原则一，全仓买入，持股52314元
2021年9月13日（图2-49箭头12）	三一重工跌破60日均线下方0.8%，为27.5元，触发原则七，全仓卖出，持现金51539元

2021年3月3日—10月29日三一重工K线图见图2-49。

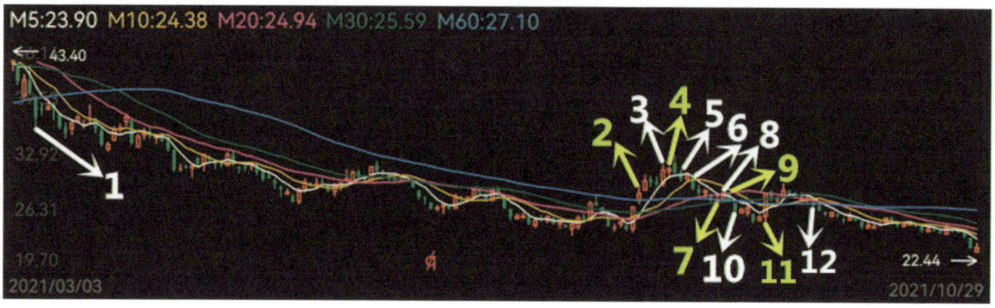

图2-49　2021年3月3日—10月29日三一重工K线图

小结

从图2-49可以看到在高位箭头1减持三一重工后，三一重工一路下跌，股价也在较高位被“腰砍”，而运用个股趋势投资策略在这种大幅下跌的行情下可以毫发无损，因为大的下跌趋势必然是持续时间较长和幅度较大的，从而股价一直在60日均线以下，不会触发买入条件。箭头7到箭头9的位置买卖导致成本增加，产生了接近5%的亏损。虽然股价跌破了60日均线，但因为30日均线在最下方，可以不减仓，所以在跌破60日均线后有其他均线支撑，假设60日均线与最低均线差值不大时，可以不减仓，等待跌破最低均线后再卖出。

三一重工K线图分析十九

2021年11月22日—2022年6月6日三一重工K线图具体操作见表2-44。

表2-44　2021年11月22日—2022年6月6日三一重工K线图具体操作

时间	具体操作
2021年12月13日（图2-50箭头1）	三一重工涨超60日均线上方0.8%，为24.19元，触发原则一，全仓买入，持股51539元
2021年12月20日（图2-50箭头2）	三一重工跌破60日均线下方0.8%，为23.5元，触发原则七，全仓卖出，持现金50009元
2021年12月24日（图2-50箭头3）	三一重工涨超60日均线上方0.8%，为23.7元，触发原则一，全仓买入，持股50009元
2021年12月27日（图2-50箭头4）	三一重工跌破60日均线下方0.8%，为23.29元，触发原则七，全仓卖出，持现金49085元
2021年12月28日（图2-50箭头5）	三一重工涨超60日均线上方0.8%，为23.64元，触发原则一，全仓买入，持股49085元
2021年12月30日（图2-50箭头6）	三一重工跌破60日均线下方0.8%，为23.2元，触发原则七，全仓卖出，持现金48114元
2022年1月6日（图2-50箭头7）	三一重工涨超60日均线上方0.8%，为23.4元，触发原则一，全仓买入，持股48114元
2022年1月24日（图2-50箭头8）	三一重工跌破60日均线下方0.8%，为22.91元，触发原则七，全仓卖出，持现金47050元
2022年6月6日（图2-50箭头9）	三一重工涨超60日均线上方0.8%，为17.19元，触发原则一，全仓买入，持股47050元

2021年11月22日—2022年6月6日三一重工K线图见图2-50。

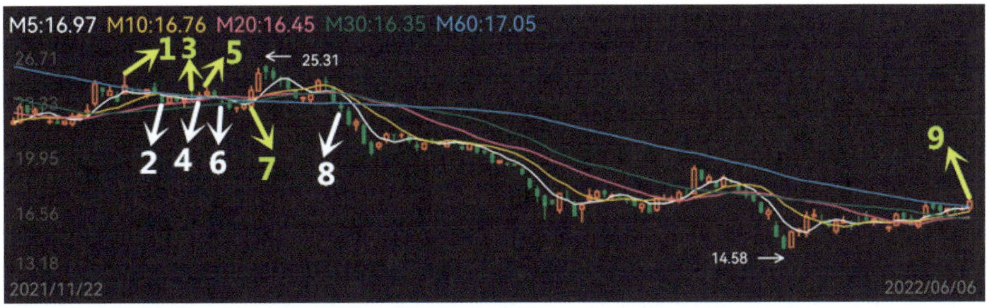

图2-50　2021年11月22日—2022年6月6日三一重工K线图

小结

同图2–49的小结一样，图2–50中，三一重工跌破60日均线后，有其他均线支撑，60日均线与最低均线差值小于5%时可以待跌破最低均线后减仓。这是三一重工创新高后第二次被“腰砍”，股价从30元左右，跌到15元左右，使用个股趋势投资策略就可以最大限度地避免这种损失，投资者不需要有极强的主观判断能力，只需到了点位再买卖。

三一重工K线图分析二十

2022年6月7日—11月3日三一重工K线图具体操作见表2–45。

表2–45　2022年6月7日—11月3日三一重工K线图具体操作

时间	具体操作
2022年6月10日（图2–51箭头1）	三一重工跌破60日均线下方0.8%，为16.89元，触发原则七，全仓卖出，持现金46173元
2022年6月13日（图2–51箭头2）	三一重工涨超60日均线上方0.8%，为17.17元，触发原则一，全仓买入，持股46173元
2022年7月15日（图2–51箭头3）	三一重工跌破30日均线下方0.8%，为18.25元，且30日均线和60日均线差值超过5%，触发原则五，减六成仓，持股19631元，持现金29411元
2022年7月18日（图2–51箭头4）	三一重工涨超30日均线上方0.8%，为18.6元，触发原则五，买回六成仓，持股49418元
2022年7月19日（图2–51箭头5）	三一重工跌破30日均线下方0.8%，为18.32元，且30日均线和60日均线差值超过5%，触发原则五，减六成仓，持股19470元，持现金29169元
2022年7月29日（图2–51箭头6）	三一重工跌破60日均线下方0.8%，为17.52元，触发原则五，继续减四成仓，持现金47766元
2022年11月2日（图2–51箭头7）	三一重工涨超60日均线上方0.8%，为15.44元，触发原则一，全仓买入，持股47766元

2022年6月7日—11月3日三一重工K线图见图2–51。

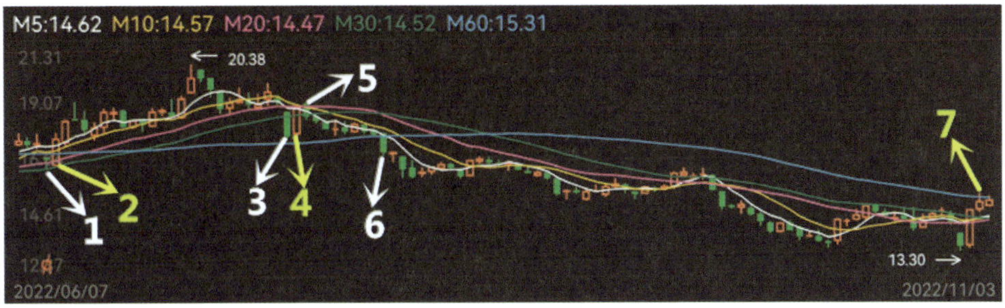

图2–51　2022年6月7日—11月3日三一重工K线图

小结

从2014年7月15日到2022年11月2日，在这8年多时间里三一重工的股价涨到原来的2.95倍，假若一直做长线，在这8年一直持有，那么收益率为195%（未算分红），而运用个股趋势投资策略去操作，收益是37766元，收益率为378%，是不操作收益率的近2倍。8年的年复合收益率只有18%左右，收益率不理想的原因是横盘时期过于频繁的操作导致成本增加，还有一部分非规则的大波动增加了亏损，比如冲高回落触发买入条件后大幅回落，或者深V触发卖出条件后大涨。另外，为了让读者能更好复盘，本书用的是除权的数据，但是实际操作用的是前复权的数据，所以像图2–51箭头1这种除权突然下跌的卖出操作，实际是不会发生的，这一部分也降低了复盘的收益。

总体而言，个股趋势投资策略可以帮助投资者获得上涨时的大部分收益，但是横盘时期过长，会造成多次数的小亏损，从而累积成大亏损。而在大幅下跌的情况下，只会产生较小的亏损，比如三一重工从50元跌到15元时，这样操作仅亏损15%左右。用个股趋势投资策略操作三一重工有2次大的亏损，分别是2015年11月到2016年5月和2021年8月到2022年1月，亏损分别为20%和15%，是在横盘时期屡次操作造成的损失。因而这种策略是有局限性的，只适用于波动较大的、上涨或者下跌趋势明显的股票，而像银行股这种横盘情况多、波动很小的股票是不适用的。

个股趋势投资策略适合业绩波动大、估值波动大的股票，或者股价波动幅度大的股票。这些股票可以分为三类，第一类是强周期股，第二类是成长股，第三类是题材股。而这三类股也是股票市场上上涨最多的股票，完美契合个股趋势投资策略。

强周期股有煤炭、化工、航运等。周期股受经济周期的影响较大，业绩波动极大，很容易由利润大涨到亏损，从而股价波动很大。比如英科医疗，曾经拥有千亿市值，一年赚70多亿元，但疫情红利过去后，业绩大幅下跌，股价跌去80%多，如果利用个股趋势投资策略就能赚到绝大部分利润和规避绝大部分亏损。如果实在分不清哪些是波动大的股票，可以用一种方法来判断，个股最近一年的最高价除以最低价大于1.7则属于大波动股票。大波动股票还有一个特点，横盘股的5日均线、10日均线、20日均线、30日均线、60日均线5条均线在大多数情况下都缠绕在一起，5条均线最大差值大多数情况下不会超过10%。这种只是简单的筛选方法，适合新手，更重要的是这只股票所在行业的发展前景，假如这个行业迎来利润大幅上升的周期，那么后面股价自然也会涨起来，以往利润水平很低的行业也有可能因为某种契机而快速发展，即需要用发展的眼光看企业。

三一重工属于强周期类型，同时也属于成长股，可以看到从2021年初到2022年末这段时间最高跌了超过70%。选择三一重工作为案例，是因为这只股票也是价值股，是核心资产的投资典范，其跌幅巨大，可能超出绝大多数投资者的想象范围，有很多的投资者被套。绝大多数投资者因为自身能力有限，难以判断个股的估值和走势，需要通过一些方法辅助操作。

投资者认为三一重工是一家好的企业，有成长空间，股价有较大的上涨空间，而投资者自身能力有限，需要通过一个大趋势的投资策略来修正自己和市场不一致的想法。趋势投资策略是一种防止犯错的方法、防止产生大亏损的保守做法。绝大多数人不可能凭借自己的经验完全买在最低点，卖在最高点。本书的出发点就是让绝大多数普通投资者处于不败之地，即先保本，不追求最大收益，不追求低买高卖，只顺应趋势，赚自己能力范围内的钱。

成长股的特点是业绩增速高的时候市场往往会给予较高的估值，当业绩增速下降后，市场又会大幅下调估值，即常说的戴维斯双击和戴维斯双杀，波动巨大。比如恒瑞医药，虽然它的利润波动没有周期股那么大，但它是建立在高增长预期之上的，从2021年的高点到2022年的低点，其股价跌去了七成，原因就是业绩增速大幅下降甚至为负，从而大幅下跌“杀”估值。

题材股不一定有业绩增长的基础，其股价暴涨暴跌。题材股就是平时经常在股市上见到的那些沾到概念就连续涨停的个股。

要用个股趋势投资策略，选股就需要选择周期股、成长股、题材股这三类股价波动大的个股，而要避免买入以横盘为主、没有大趋势的个股。横盘股的特点是业绩相对可以预见，无大的增长潜力，没有给予市场足够的业绩想象力，走势上波动很小，5日均线、10日均线、20日均线、30日均线、60日均线5条均线差值很小，彼此长期缠绕在一起。周期股、成长股、概念股都有一个特点，就是有业绩爆发的可能性。周期股、成长股自然不用多说，概念股时时在变化，有的个股是纯粹资金炒作，有的个股是受益于市场的变化，比如新冠疫情刚开始暴发时的生产口罩、检测试剂、手套、呼吸机等抗疫相关物品的企业，它们的业绩在一段时间内有大幅增长。概念股有可能受益于当时的热点，一部分成为业绩爆发股，另一部分则离业绩兑现很遥远，成了炒作。

接下来以浙江建投为例做一个概念股的操作复盘。在原则使用上可以随情况根据经验细化，比如股价在跌破20日均线和30日均线后，回踩60日均线时，可以视情况买回部分仓位，待再跌破60日均线下方时再卖出，或者在跌到要卖出的位置后还没来得及卖出就快速拉升起来的就可以不卖出了。又如原则七，在跌破60日均线后还有10日均线支撑，以跌破10日均线为卖出标准，可以视情况按创业板的原则，改为跌破60日均线后，以跌破5日均线、10日均线、20日均线、30日均线中最低的那条作为标准，这样设置会少操作几次而多获得一部分收益。以跌破10日均线为标准的原因是，有些情况下60日均线和20日均线、30日均线的差值很大，若待跌破20日均线、30日均线时再减仓亏损会很大，可视当时60日均线下方均线的差值做最优解。若其余4条均线之间差值低于5%，可以待跌破最低均线后卖出；若差值超过5%，投资者可能需要承受较大损失，可以以跌破10日均线为标准卖出。

浙江建投的操作方法和三一重工的一样，时间段为2021年12月15日到2022年6月17日。

2021年12月15日，浙江建投涨超60日均线上方0.8%，为7.45元，触发原则一，全仓买入，持股10000元。

浙江建投K线图分析一

2022年1月28日—3月22日浙江建投K线图具体操作见表2-46。

表2-46　2022年1月28日—3月22日浙江建投K线图具体操作

时间	具体操作
2022年3月2日（图2-52箭头1）	浙江建投开盘跌破5日均线下方超过0.8%，为18.42元，且5日均线和10日均线差值超过5%，触发原则一，开盘减六成仓，持股9890元，持现金14817元
2022年3月3日（图2-52箭头2）	浙江建投开盘涨超5日均线上方0.8%以上，为20.25元，触发原则一，买回六成仓，持股25690元
2022年3月4日（图2-52箭头3）	浙江建投开盘跌破5日均线下方超过0.8%，为20元，且5日均线和10日均线差值超过5%，触发原则一，开盘减六成仓，持股10149元，持现金15205元
2022年3月7日（图2-52箭头4）	浙江建投跌破10日均线下方0.8%，为18.77元，且10日均线和20日均线差值超过5%，触发原则一，继续减四成仓，持现金24718元
2022年3月8日（图2-52箭头5）	浙江建投涨超10日均线上方0.8%，为19.65元，触发原则一，买回四成仓。后浙江建投继续涨超5日均线上方0.8%，为20.53元，触发原则一，继续买回六成仓，持现金25161元
2022年3月9日（图2-52箭头6）	浙江建投开盘跌破10日均线下方超过0.8%，为18.78元，且10日均线和20日均线差值超过5%，触发原则三，减六成仓，持股9206元，持现金13793元
2022年3月10日（图2-52箭头7）	浙江建投开盘涨超10日均线上方0.8%以上，为21.6元，触发原则三，买回六成仓，持股24381元

2022年1月28日—3月22日浙江建投K线图见图2-52。

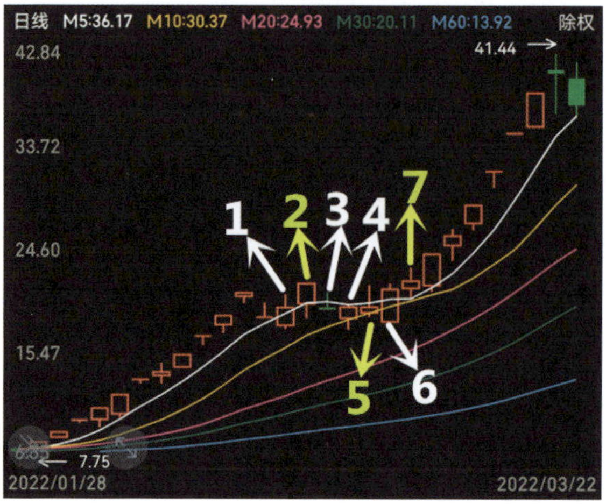

图2-52 2022年1月28日—3月22日浙江建投K线图

浙江建投K线图分析二

2022年3月18日—6月21日浙江建投K线图具体要求操作/分析见表2-47。

表2-47 2022年3月18日—6月21日浙江建投K线图具体操作/分析

时间	具体操作/分析
2022年3月22日（图2-53箭头1）	浙江建投跌破5日均线下方0.8%，为36.42元，且5日均线和10日均线差值超过5%，触发原则一，减六成仓，持股16444元，持现金24636元（图2-53并没有显示浙江建设跌破5日均线，但是实际是跌破了平盘开盘的5日均线下方0.8%，而大跌后，5日均线下移是看不出来的，需要提前一晚算好各个点位）
2022年3月25日（图2-53箭头2）	浙江建投跌破10日均线下方0.8%，为34.03元，且10日均线和20日均线差值超过5%，触发原则一，继续减四成仓，持现金39982元
2022年3月30日（图2-53箭头3）	浙江建投涨超5日均线上方0.8%，为33.33元，触发原则一，买回六成仓，持股23989元，持现金15993元
2022年3月31日（图2-53箭头4）	浙江建投涨超10日均线上方0.8%，为35.13元，触发原则一，继续买回四成仓，持股41278元

续表

时间	具体操作/分析
2022年4月1日（图2-53箭头5）	浙江建投跌破10日均线下方超过0.8%，且10日均线和20日均线差值超过5%，应该减六成仓但是跌停卖不出
2022年4月6日（图2-53箭头6）	浙江建投继续跌停开盘，跌破20日均线，且20日均线和30日均线差值超过5%，应该继续减四成仓，加上2022年4月1日应该减的六成仓位，所以打开跌停就全仓卖出，跌停价格为28.88元，全仓卖出，持现金33893元。在这种特殊情况下，如果后续浙江建投能不再跌破60日均线，则在涨超20日均线上方0.8%时全仓买回
2022年4月25日（图2-53箭头7）	浙江建投涨超60日均线上方0.8%，为21.53元，触发原则一，全仓买入，持股33893元（2022年4月22日第一次跌破60日均线的时候，有可能盘中涨超60日均线，这种第一次跌破60日均线属于空方情绪，需等到跌破60日均线后的下一次交易日涨超60日均线时再买入）
2022年5月12日（图2-53箭头8）	浙江建投跌破5日均线下方0.8%，为40.62元，且5日均线和10日均线差值超过5%，触发原则一，减六成仓，持股25578元，持现金38321元
2022年5月16日（图2-53箭头9）	浙江建投跌破10日均线下方0.8%，为37.17元，且10日均线和20日均线差值超过5%，触发原则一，继续减四成仓，持现金61698元
2022年5月17日（图2-53箭头10）	浙江建投开盘涨超10日均线上方0.8%以上，为39.2元，触发原则一，开盘买回四成仓，持股24679元，持现金37019元（买入后浙江建投收盘跌停，后一天又继续跌停开盘。这种情况是最有损的，没办法卖出去，幸好只持有四成仓。制定仓位标准在实际操作时可以应对绝大多数情况，虽不是最优解，但无论个股涨或跌，至少一半的仓位是有保证的）
2022年5月18日（图2-53箭头11）	浙江建投开盘跌破10日均线下方超过0.8%，为32.13元，且10日均线和20日均线差值超过5%，触发原则一，继续减四成仓，持现金57223元
2022年5月24日（图2-53箭头12）	浙江建投开盘涨超5日均线上方0.8%以上，为33.4元，触发原则一，买回六成仓，持股34334元，持现金22889元
2022年5月25日（图2-53箭头13）	浙江建投开盘直接接近60日均线，而设置差值提前减仓的目的是避免在60日均线卖出时，利润大幅缩水，像这种大幅低开已经离60日均线不远的情况，待跌破60日均线后再完全减仓。当然这天30日均线和60日均线差值不足5%，达不到触发条件

续表

时间	具体操作/分析
2022年5月26日（图2–53箭头14）	浙江建投涨超10日均线上方0.8%，为33.99元，触发原则一，继续买回四成仓，持股58146元（当天34元为涨停价格，操作慢一点都很难买入）
2022年6月2日（图2–53箭头15）	浙江建投开盘跌破60日均线下方超过0.8%，为30元，触发原则七，全仓卖出，持现金51259元（浙江建投在2022年5月31日、6月1日、6月2日，连续3天跌停，题材股就是这样，暴涨暴跌，最可怕的是跌停了触发了卖出条件却卖不出去。在特殊情况比如开盘连续跌停、涨停下，投资者可能存在较大的收益差距。个股趋势投资策略需要先达到条件才触发买卖原则，虽不能获得所有利润，但至少保本而且还能赚大部分的钱）
2022年6月6日（图2–53箭头16）	浙江建投开盘涨超60日均线上方0.8%以上，为33元，触发原则一，全仓买入，持股51259元
2022年6月9日（图2–53箭头17）	浙江建投跌破60日均线下方0.8%，为31.42元，触发原则七，全仓卖出，持现金48746元
2022年6月10日（图2–53箭头18）	浙江建投开盘涨超60日均线上方0.8%以上，为33.04元，触发原则一，开盘全仓买入，持股48746元
2022年6月13日（图2–53箭头19）	浙江建投跌破60日均线下方0.8%，为31.71元，触发原则七，全仓卖出，持现金46728元
2022年6月14日（图2–53箭头20）	浙江建投涨超60日均线上方0.8%，为32.33元，触发原则一，全仓买入，持股46728元
2022年6月15日（图2–53箭头21）	浙江建投开盘跌破60日均线下方0.8%，为31.58元，触发原则七，全仓卖出，持现金45589元
2022年6月16日（图2–53箭头22）	浙江建投涨超60日均线上方0.8%，为32.41元，触发原则一，全仓买入，持股45589元
2022年6月17日（图2–53箭头23）	浙江建投开盘跌破60日均线下方0.8%，为31.5元，触发原则七，全仓卖出，持现金44256元

在2022年6月17日之后不再买入，是因为题材股如果没有足够的业绩支撑，往往只有一波连续大涨，涨停，之后就是调整了，然后会慢慢地跌回去。这就是题材股的特点，最强的情绪造就了一波短期极强的上涨。针对题材股，这里在本节前7个原则的基础上加一个原则。

2022年3月18日—6月21日浙江建投K线图见图2–53。

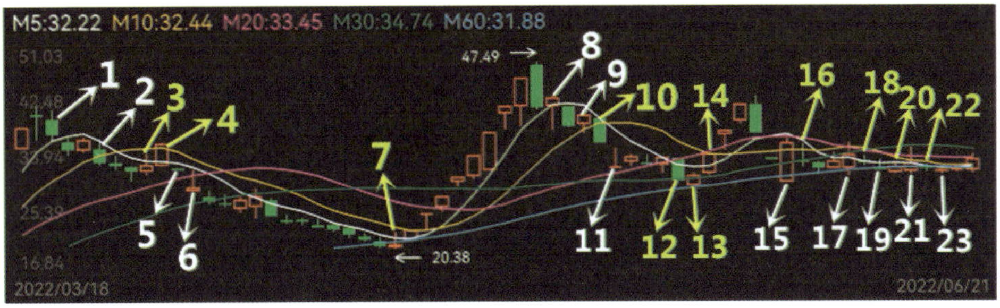

图2–53　2022年3月18日—6月21日浙江建投K线图

原则八

在面对业绩没有兑现可能的题材股时，或者题材股短期涨幅过大，其5日均线跌破60日均线时，大概率就是这个股大涨行情要结束之时，之后不再买入。

2022年6月17日，浙江建投收盘价5日均线为32.01元，60日均线为32.1元，5日均线第一次低于60日均线，所以后面不再买入。题材股往往在大涨之后一路下跌，跌回原点。在题材股后面较长的下跌行情中，即使使用个股趋势投资策略前七个原则应对，还是会有小亏损的，更重要的是大多数题材股短期是没有业绩支撑的或者业绩兑现是很困难的，所以需要原则八支撑。当题材股短期涨幅过于巨大即涨幅翻一倍以上，且不可能有业绩兑现，5日均线跌破60日均线之时，不再买入。

小结

买入浙江建投时的股价为7.45元，卖出时为31.5元，买入后一直持有到31.5元卖出时，股价是原来的4.23倍，而使用个股趋势投资策略到31.5元卖出时的本金是原来的4.43倍。即使是大涨行情，使用个股趋势投资策略也有可能比一直持股的收益要高，更别说个股大涨后的大跌行情时两种方法的收益差距之大了。另外，个股趋势投资策略可以克服认知问题，浙江建投这种题材股能上涨到什么程度是很难判断的，很多人可能因为惧怕突然下跌造成亏损或者认为价值上不值得这样的涨幅，会提前卖出，从而远达不到使用个股趋势投资策略可以获得的最大收益。个股趋势投资策略讲究存在即合理，是根据趋势来判断买卖点的，哪怕是涨10倍，只要是在上涨趋势上就一直持仓，即使这些股票涨幅超越自己的认知范围，也能够获得绝大部分收益。

使用个股趋势投资策略操作的难点是选股。题材股往往是在特定时候出现的消息、政策等的利好下才突然拉升的，即当其发生时，有可能其股价已经涨超60日均线上方较远，上涨幅度已经很大，如果此时买入就会追高，也就不能实现不亏损或者少亏损。追高买题材股会导致单次亏损金额过大，多次买卖判断错误就会造成大亏损。因此我们需要预判，需要提前把有大涨基础的股票列入股票池，当触发买入条件时就买入。

操作方法很简单，但是不同个股的收益差距是巨大的，收益率取决于个股上涨的幅度。下一章将重点讲述如何选股。

本章总结

本章介绍了趋势投资在指数、个股等上的不同策略及具体复盘。使用趋势投资策略在极端情况下可以有效避免人的认知范围外的损失或者能够得到认知范围外的收益，这种趋势投资只重视实际走势，而非主观判断，强调遵循趋势，顺势而为，不管涨跌幅有多大，只要是在趋势上就是合理的。指数趋势还有一个警示作用，在大多数时候指数趋势不会太明显，可防范在牛市后期或者某种特大事件下所产生的股市大跌，从而在跌破上涨趋势线后减仓避险。个股的走势本身也反映了指数的走势，在大多数情况下，投资者可以根据个股自身的趋势来进行买卖。

个股趋势投资策略是本书最核心的部分，即根据趋势来制定客观的方法或者原则进行买卖，从而在股市上获得稳定的收益。在本章第三节的个股案例中，可以看到这种方法的优缺点，个股趋势投资策略是顺应趋势的，需要等待趋势明显才能进行买卖，因此在趋势不明显的时候会亏损，不能在最高点卖出，等到出现跌破趋势线的时候才可以卖出。于普通人而言，完全做到低买高卖是不现实的。比如三一重工的最大涨幅接近9倍，而使用个股趋势投资策略的收益只有4倍左右，没有人能够经常精准地抄底然后在股价达到最高点时卖出离场。这种策略散户学起来会相对容易，具有较强的实用性。个股趋势投资策略的优点之一就是可以克服主观判断的盲目性，在大多数时候能做出相对正确的操作，而其最大优势就是能够避免个股大跌时的大亏损，因为大跌，个股绝大多数时候是处于60日均线之下的，不在持股情况中。使用这种策略虽然达不到极限的最高收益，但是能够有效地保证本金的安全，同时也能够获得不错的收益，最重要的是方法很简单，没有高深的理论。虽然操作上不需要太多主观判断，但是使用这种策略需要选择好的股票，即买入一个上涨的股票才能获得收益。

最后关于个股趋势投资策略的优化，点位或者均线的选择只是一个相对比较笼统的通用方法，适合大多数情况，但并不是最优解。读者可以根据实际情况制定更合适的买卖点、均线，设置更合适的阈值。比如下跌幅度比较大的个股，底部与60日均线的差值很大，如果等到涨超60日均线再买入会错失很多机会，这时可以设置一个条件：在大跌的个股中，30日均线和60日均线差值超过10%，那么当股价涨超30日均线上方时即可买入六成仓，剩下的在突破60日均线后再买入。假如出现上涨就会比到60日均线买入多一部分利润。还有另一个比较实用而且适合低风险投资者的方法，那就是在突破60日均线后的一个星期内或者看机会减三成仓或者五成仓。上涨过趋势线后，可获得盈利，适当减少仓位后，剩下的仓位就会有较高的盈利百分比，即使后面很快又跌破60日均线，因为有减仓那部分的利润，没有出现上涨趋势也可以有效地避免这种假突破的亏损。这样做即使有长时间的横盘或者无趋势，也能够少亏损或者不亏损。但是这种保本策略是有代价的，出现大上涨趋势的时候整体仓位收益不会很高，因为仓位减了一部分。结合后面的选股和仓位等策略，使用个股趋势投资策略在大多数时候都是能获得盈利的，但是收益不会巨大。股市是一个长时间的投资，需要长年累月的积累，不是靠运气赢在一时。

第三章

适合个股趋势投资策略的股票类型

第二章说明了指数、个股的买卖方法，主要是以趋势为基础，可以将其理解为根据股票自身的周期顺势而为。本章则是研究经济周期，探究如何选择那些未来利润有可能大幅增长的行业。如果说买卖方法可以学习或者套用，那么准确预判经济周期则需要付出非常大的努力和拥有极高的经济素养，而这也是不同投资者之间收益差距大的根本原因。纵观国内外的股票市场，那些涨十倍、百倍的牛股绝大多数是业绩股。大多数题材股因为没有业绩支撑，难以达到这样巨大的涨幅。一家企业的成长离不开国家的经济发展，可以这样说，当经济发展到一定程度时，绝大多数行业已经饱和，利润很难有大的增速，而想获得超额收益，只能抓住新兴产业和行业经济周期的大变动时期。

在中国经济飞速发展的几十年里，涌现出一大批抓住经济增长红利的企业。如彩电“霸主”四川长虹在1997年的营收就达到了156亿元，年利润26亿元。1996—1998年，随着业绩的大幅增长，其市值也暴涨10多倍直至480多亿元的巅峰，但彩电大需求的红利过后，四川长虹因为彩电行业的惨烈价格战衰落了。也有专注于做空调的格力电器从10多亿元市值到现在的几千亿元市值，做冰箱起家的海尔智家从10多亿元市值到现在的几千亿元市值。这类家电企业受益于经济发展、人们收入大幅增长而业绩大幅增长，利润也从当初的几千万元到现在的几百亿元。然而当家电市场饱和后，营收和利润便不可能再有大的增速了，只能从其他行业寻求增长点，比如格力跨行做手机、新能源汽车，但难度之大可想而知。

2000年以后科技发展到一定程度促进了互联网行业和电子产业的发展，比如互联网行业的腾讯控股、阿里巴巴、美团、京东等巨头，电子产业的小米、歌尔股份、立讯精密、欧菲光等，而有幸买到腾讯控股的股票并持股到现在的基本能实现财富自由了。当然这种成功是不可复制的，因为新兴行业是科技发展到一定程度或者经济发展到一定程度才会出现的，再次出现类似的新兴行业和个股的概率是很低的，所以对于股市上那些有业绩想象力、有未来想象空间的个股，人们往往愿意给予更高的估值，因为这些个股都有可能成为下一个腾讯、茅台，容易产生市梦率，也就是非常高的估值。

随着人们收入的提高，很多家庭都能买汽车，上汽集团也从2000年的25亿元营收增长到了2018年接近1万亿元的营收，这期间股价涨幅超过10倍。随着近几年新能源汽车的兴起，传统燃油车开始衰落，新能源汽车作为新兴产业，必然也会出现一批营收、利润大幅增长的相关企业，比如上游的原材料企业赣锋锂业、天齐锂业等，电池生产企业比亚迪、宁德时代，以及以比亚迪为代表的一众新能源汽车企业。这些新能源汽车企业的许多股票的价格在2019—2022年大幅增长，其中上涨10倍以上的有很多。而随着经济发展和城镇化的推进，许多房地产企业也有了很大的成长，相关的钢铁、煤炭、化工、水泥等企业也随着经济周期起起落落，股价大幅波动，其中万科、海螺水泥、万华化学等，涨幅达几十倍，选择这些优秀的个股，再配合个股趋势投资策略操作就会产生巨大的收益。

如果学会了第二章的操作方法，长期坚持下来就会获得盈利，而在股票不同的情况下，每个人的收益将因为选股能力的不同而产生巨大的差异，选到牛股的收益会比选到普通股票的收益多很多。而那些大牛股的共同特点就是利润大幅增长或者有利润大幅增长的可能。这些大牛股可分为四种，分别是成长股、周期股、题材股、处于经济和股市大繁荣时的股票，四种类型会互有重叠，但是重点不一样，下面将详细分析怎样寻找这些股票。

第一节 成长股

成长股是指那些在飞速发展阶段的公司的股票。这类公司往往受益于经济的发展，市场空间很大，拥有很好的利润和很快的扩张速度。可以从国产替代的行业、科技领先或成本领先的企业、消费领域的企业中寻找成长股。

一、国产替代的行业

在我国经济近几十年的飞速发展的过程中，各个行业有一大批公司成长壮大，但是经济发展到现在，同一个行业不太可能再像以往那样有许多飞速发展的企业。在这些成功成长壮大的公司中，大多有这样的特征——国产替代。以前很多商品都是需要进口的，比如冰箱、电视、影音光碟（VCD）、汽车、空调等。随着改革开放的深入，我国慢慢地从代工到自研，甚至做得比外国的更好或者更便宜，一步一步成为今天的拥有全部工业门类的国家，成为世界第一制造大国。据此，我国目前还需要大量进口的商品所属的行业出现成长股的概率最大。我们可以从每年的进出口数据中获取这些信息，然后分析可能潜在的机会。

比如2021年的主要商品进口量排名第一的是集成电路，集成电路的载体是芯片。国内的中低端芯片可以量产，但是高端芯片各方面与其他国家的差距还很大，包括芯片制作本身、芯片制作上游设备（如光刻机）、芯片制作材料、EDA工具等，其中就有很大的国产替代的空间，国内的芯片公司在这些方面的成长空间还很大。虽然国内的芯片公司还需要较长的时间来追赶先进芯片技术，但是这和当初的家电、汽车等一样，只要逐渐地完善相关的产业链，最终能实现国产替代。从2019年开始，芯片行业有一波快速的发展，同时许多与芯片相关的股票也大幅上涨，出现很多上涨10多倍的股票。如北方华创，一家半导体设备生产厂商，从2017年起，每年的营收和利润都大幅增长，从2017年的低位到2022年的高位，涨幅接近20倍，可以看到成长股的增长速度和魅力。需要注意的是，由于行业飞速发展，成长股往往会得到较高的估值。

进口量排名第二的是原油。原油不能像制造业产品一样被凭空制造出来，我们需要开发替代品来解决原油进口比例过重的问题，防止在未来某个时候可能出现的能源危机，因此我国大力发展新能源汽车。就目前来说，新能源汽车还有很大的发展空间，需解决如何快速充能及续航稳定性、续航里程等问题，从而真正替代大部分燃油车。考虑到更远的未来，全球都将面临能源短缺的问题，化石燃料会用完，需要更多可循环使用的能源。因而在未来依托新能源的应用，比如未来可能出现核聚变的可控应用或者其他未出现的新的能源转化技术，会产生一些新的大企业。还有其他如民用客机、部分高端制造等需要大量进口的商品所属的行业也给很多国内企业提供了成长的机会，可以将这些概括为国产替代。

二、科技领先或成本领先的企业

科技领先的企业。曾经的手机霸主诺基亚，在其巅峰时期，几乎人手一台诺基亚，没有人想到诺基亚会如此快速地陨落。其陨落的根源在于诺基亚太过于执着过去的成功，而不能大胆创新，所以在智能手机时代被苹果等手机品牌压制，逐渐被抛弃。科学技术带来了革命性的改变，比如胶卷相机被数码相机取代，柯达作为曾经的“胶卷大王”，最终也破产重组。无论是诺基亚还是柯达，他们曾经都是各自领域的霸主，拥有比其后发展起来的公司更多的技术、资金、供应链渠道等，按理说是不会败给后来者的，但现实是无论是个人还是企业很多时候都不会轻易放弃为自己带来成功的经验，不会轻易放弃带给自己辉煌的产品，结果因为保守而败给后来的创新者。科技行业恰恰是最容易出现成长股和被替代风险较高的行业，特别是一些以单一产品为主要营收产品的科技公司更容易陷入亏损，它们需要大量的研发投入来获得新技术，一旦旧产品被淘汰而又没有研发出有力的新产品就会逐渐被淘汰。

汇顶科技就是这种类型的科技公司，这家在2020年2月市值达1700多亿元的芯片公司，如今市值只剩下200多亿元，还陷入了亏损状态。其市值登上巅峰就是依靠光学屏下指纹识别芯片，汇顶科技在2018年提出的屏下指纹解决方案使其成为各大手机厂商的争抢对象，而2019年其利润也达到23.17亿元，营收和利润大幅增长。好景不长，随着屏下指纹技术的普及，其他企业也加入竞争，大打价格战，汇顶科技一家独大的局面被打破，营收和利润也大幅下滑。汇顶科技在2019—2021年这3年的总研发费用达到45亿元，可以说很大一部分利润都用在了研发上，但至今未再出现能够支撑公司持续生存发展的新的拳头产品。科技公司的通病就是如此，不创新就无法在市场生存，想创新但持续投入研发却没有做出有竞争力的产品也无法在市场生存。

成本领先的企业。和科技股不同，制造公司的生产成本更低，在产品差别不大的情况下，成本比别的企业低就会有更大的竞争优势。比如光伏的主要成本在于晶硅片生产，而其生产方式主要是采用金刚线切割，比改良前的砂浆切割有着碾压性的优势，不仅显著提高切割速度，减少硅片损耗，而且更环保，大幅降低了生产成本。随着各组件价格的下降，光伏的成本大幅下降，光伏发电行业实现平价上网，极大地提高了光伏的装机量，整个行业快速发展成为可能。对于硅晶片生产厂商而言，不改良生产工艺，可能意味着倒闭，而不断改良工艺降低成本的企业将获得更多的市场份额和利润。

比如隆基绿能，其营收和利润一直在飞速增长，实现从百亿元营收到千亿元营收仅用了7年的时间，2022年的利润较2015年更是增长了20多倍，市值也上涨了几十倍。原因主要有两个方面，一方面是乘上了光伏行业成长的东风，另一方面是其自身通过对光伏组件各方面的成本控制脱颖而出，成为光伏产业龙头。隆基绿能成功的原因之一就是工艺的改进使得成本比其他光伏企业更低，打败了其他竞争者。

无论是科技公司还是制造公司，建立竞争优势的核心还是创新，只有比其他的企业更有竞争力才能生存下来。投资者如果想要提前发掘这样的公司股票，就必须对最新的科学技术有一定的了解，对公司最新的产品和技术有一定的了解，这样才尽早分析出这家公司的股价何时可能迎来飙升。

三、消费领域的企业

不同于德国、澳大利亚等人口较少的发达国家，我国14亿人口所形成的经济循环就是一个非常大的市场。这里的核心就是消费，从国人的需求端思考，去发现成长股。比如中国特有的白酒文化，催生出了贵州茅台、五粮液等一众白酒大市值公司，支撑起这些白酒企业巨大利润的正是14亿人口的消费力。随着人们收入水平不断提高，消费能力会发展到什么程度不得而知，白酒公司的业绩可能还会增长，估值也不会低。比如贵州茅台的市值从当初上市的80多亿元上涨到了现在的2万多亿元，涨幅近300倍，其产品也可能会随着人们收入和生活水平的提高，吸引更多人消费。

总而言之，国内市场经济大循环是非常重要的，哪怕只是国内的需求也足以催生一大批的大企业，我们要时刻关注国内的需求变动，寻找会爆发式发展的行业。可大多数行业需要经济发展才会出现快速增长机会，这里要说明一个最有可能出现成长牛股的消费行业——医药行业。新冠疫情后，人们了解到人类在自然面前的渺小，即使科技水平已经进步巨大，却依然没办法消灭病毒。随着生活水平的提高、科学技术的进步，人们对医疗水平的要求也会越来越高，14亿人口的身体健康需求将会促使国内医药和医疗企业不断发展，所以医药行业有很大的发展空间。虽然科学技术已经很先进了，但是依然有很多病症无法得到医治或者治疗成本高昂，这就需要医药行业研发出更有效的药物、普及更低成本的药物，可见医药行业依然会是成长牛股频出的行业。

比如长春高新曾依靠生长激素系列产品在巅峰时市值超过2000亿元，其利润从2016年的4.85亿元猛增到2021年的37.57亿元，市值最高涨幅接近20倍。仅仅依靠这一个系列的产品就能创造这样的收益，可以看出医药行业拥有很好的市场前景。但是医药行业属于高风险高收益行业，药物前期研发投入大，专利期一到，别的企业就可以仿制，到那时这个药物的主要赚钱周期就过去了。

药企要赚钱就必须研发出更有效的新药。例如百济神州，近3年净亏损已经超过300亿元，亏损的原因就是药物研发不顺利，这和科技股相似，药企需要一直投入大量的科研费用，有高风险、高收益的特点。但是它的股价却从2022年10月的80多元涨到了2023年1月的160多元，市值达到2000多亿元，或许很多人很难理解为什么一家连年巨额亏损的企业能够达到这么高的估值。这就要回归本书的核心思想——存在即合理。能上涨这么多证明看好这家企业的人多，虽然短暂亏损，但它是国内医药上市公司里研发费用第一的企业，最有希望研发出更好更多的创新药物，而在众多药物研发成功后，它很快就会迎来利润收获期，有很大的希望会实现业绩增速，所以市场给予其很高的估值，走势代表所有因素的综合结果。

医药行业范围很广阔，可以细分为化学制药、中药、原料药、生物制药、医疗服务、医疗器械、医药商业。根据市值排名的话，各细分行业里的龙头有化学制药恒瑞医药、中药片仔癀、原料药新和成、生物制药百济神州、医疗服务药明康德、医疗器械迈瑞医疗、医药商业上海医药。笔者认为细分行业里最大概率出现成长型牛股的是化学制药、生物制药、医疗服务、医疗器械，原因是这几个细分行业最需要创新，也最具成长性，第一家医药行业万亿市值企业会来自这四个细分行业。

有一个需要注意的风险是，国内市场竞争激烈，和发达国家相比没有那么长的高毛利期、暴利期，而且企业要有以人民为本的发展思想，即在医疗相关行业内，医疗医药的集采是常态。进入了集采意味着产品的价格大幅下降，但相应的销量会有所提升，相关的销售费用也大幅下降；如果没有进入集采，可能意味着这个产品会随着时间的流逝越来越没有竞争力而逐渐消亡。可见，医药行业竞争非常激烈，小的医药企业因为产品和资源有限很容易在和大医药企业的竞争中倒闭，市场逐渐形成强者越强的局面，以后会出现几家市值较大的医药公司。社会经济会一直发展，投资者需要保持敏锐，捕捉经济发展动态，时刻关注国内经济需求的变动。

以上三大类的共同特点是科技与创新，寻找成长股的一个重要指标就是企业是否具有明显的竞争力，比如企业是否有科技创新的能力，是否能生产出有竞争力的新产品，是否有更低成本的工艺或者模式从而大幅提高利润。

第二节　周期股

周期股是指随着经济周期变化利润大幅波动，股价也大幅波动的股票。周期股最吸引人的就是业绩的爆发性，行业经济周期好时利润会大幅提高，股价也成倍地上涨。下面通过几个不同的周期股案例来说明如何分析周期股。

一、证券股

牛市时第一波爆发的往往是证券股，其特征是市场成交量大幅提升，股价上涨，券商业绩也大幅增长，股价进一步大幅上涨。中信证券在2006—2007年的牛市期间，最大涨幅超过20倍；在2014年11—12月的2个月内上涨接近3倍；在2019年2月的小牛市中也上涨超过60%；启动于2020年7月全球市场大“放水”的牛市中，涨幅50%。中信证券不是涨幅最高的，还有其他涨幅更高的中小券商。光大证券在2020年6—7月涨幅近3倍，在2014—2015年的牛市中区间涨幅最大接近5倍。整个券商板块都是大同小异的走势，我们可以把券商的大涨视为牛市的“发动机”。

除牛市外，券商基本没有或者难有大行情。要关注“牛市旗手”券商股，当其有大资金买入，且板块持续大幅上涨时，会有较大概率出现牛市，此时场外资金往往也会迅速进场，开启其他行业股票的第二波上涨，拉升指数。至少到目前为止的数次大小牛市皆是如此。周期过后就是业绩的大幅下降，大牛市过后往往都是大熊市，同时成交量大幅下降，券商利润也大幅下降，股价大跌。从牛市到熊市就是券商的一个大周期。

二、煤炭股

除了券商的行业周期，其他强周期行业形成的原因是供需错配。比如经济在快速增长的时候，各行业的耗煤需求大增，电力、钢铁、建材、化工是主要的耗煤行业。新建矿井需要几年的时间，在供给不足的情况下，各行业为了自身的发展自然会提价抢煤，促使煤炭股的利润大增，而且周期还能持续数年，股价自然持续大涨。更简单地说，假设去年某煤炭企业营收100亿元，成本90亿元，利润10亿元，到今年产量不变，但是煤价受某因素影响是去年的两倍，营收是200亿元，成本不变，利润变成了110亿元，煤价增长2倍，但是利润是原来的11倍（未算所得税等其他费用）。所以强周期股在行业周期好的时候利润很高，股价也大幅增长。

到了煤炭衰退周期，需求下降，煤价下跌，因为已经投入固定成本，为了摊薄成本，只能继续大量开采煤炭，卖不完就压价卖，由此形成恶性循环，大多数煤炭企业就会陷入亏损。所以就有了之前的煤炭、钢铁行业大规模亏损。后来供给侧结构性改革有效防止了这种情况的发生。

还有一个重要的因素会影响强周期行业，那就是货币宽松政策。在全球“放水”的情况下，市场产生通胀预期，而这些强周期股大多是资源类股，具有抗通胀能力，资产价格自然大幅上涨，利润也大幅上升。

下面以煤炭股潞安环能为例进行一次复盘。

潞安环能在2006年上市之后，恰逢2007年大牛市，从2006年10月到2007年10月，股价从13元左右上涨到90多元，上涨近7倍。

2008年全球性金融危机，股市崩盘，潞安环能的股价大幅下跌，再加上除权送股，最低价格为2008年11月7日的8.91元，市值在100亿元左右，较2007年巅峰市值600亿元，跌去83%。

金融危机后，全球大“放水”，国内也抛出了“四万亿计划”，在货币宽松政策等经济刺激政策下，资源股迎来“第二春”，潞安环能的股价从2008年11月的低点8.91元到2011年4月的高点72.30元，在两年半的时间里股价上涨到原来最低点的8倍左右，其2011年的业绩也是那10年的最高峰，利润为38.36亿元。

之后潞安环能业绩一路下滑，股价大幅下跌，到2012年股价有所反弹，2012年前半年上涨近50%之后继续下跌到2012年12月的低点15.21元，之后反弹到2013年2月的高点25.51元，涨幅超过60%，然后又一路下跌到2014年5月5日的最低点7.22元。

潞安环能的股价走势也是资源股行业周期的真实写照，从2013年到2016年，煤炭、钢铁、有色金属等资源股大多是亏损的，2008年大“放水”救经济导致产能过剩。随着2015年牛市的到来，股价反弹，股价最高涨到16元，涨幅接近130%，接着除权加上后面的熊市，股价又很快跌到了2015年8月26日的最低点5.62元，市值跌去一半。

之后因为供给侧结构性改革的实施，行业迎来好转预期，产能过剩得到有效化解，利润有所提高。潞安环能股价也从2016年6月的低点5.89元上涨到了2016年11月的最高点10.80元，股价涨幅超过80%，后股价又有所调整，股价下跌到2017年5月的最低点6.62元，其利润从2016年的8.57亿元增长到了2017年的27.82亿元，因此它的股价也有所上涨，从2017年5月的低点6.62元上涨到了2018年2月的高点14.94元，股价涨幅超过120%。

随后，从2018年3月23日开始，股市开始走熊，在整体股市的影响下，潞安环能股价大幅下跌，跌到2021年2月的最低点5.28元，其间有过两波小反弹，分别是2019年2月的小牛市和从2020年7月开始的中等级别牛市，涨幅不是很大，涨幅在30%左右。后全球“放水”、地缘冲突、极端天气、新冠疫情后煤炭需求猛增形成的供需错配等多因素导致煤炭价格持续大幅上涨，此时又迎来了煤炭股的大周期，利润大增，潞安环能的股价也从2021年2月的低点5.28元涨到了2023年1月的高点21.08元，股价上涨到了原来的近4倍。

通过复盘，可以看到强周期股的利润和股价波动非常大，这种股配合个股趋势投资策略进行买卖操作，收益很高，有兴趣的读者可以自己尝试复盘。复盘时需要注意分红、配股对均线的影响，假如复盘时间很长，比如从2004年开始，那么无论是前复权还是后复权都会使不同时期看到的数据的涨跌幅不一样。而在不复权的情况下，除权又会影响均线的原先走势，比较难核算出按照个股趋势投资策略操作时的准确收益，可以根据20日均线、30日均线、60日均线这些长期均线大概复盘一下，节省时间。

小结

可以看到煤炭股潞安环能主要受两个周期影响，分别是行业周期和股市周期。其大涨的基础是煤炭行业的好周期，那时利润好、股价猛涨，持续时间较长；而股市周期也会影响其涨跌，牛市会涨，熊市会跌。但是第一影响因素还是行业周期，股市周期排在第二位，以业绩影响为主。

三、养殖股

以猪周期下的养猪企业的股价波动为例展开分析。受2018年末开始的非洲猪瘟的影响，很多养猪企业或个人在前期损失惨重。因为损失了很多猪且猪价大跌，温氏股份、正邦科技、牧原股份在2019年第一季度都是亏损的，可是这3只股票的股价从非洲猪瘟在国内暴发开始上涨，即2018年9月左右，到2019年3月末都翻倍了，这说明了一个问题，即股价不是跟着业绩走的，而是跟着预期走的，新手投资者一定要切记这个要素，不能单看当前的业绩，而要看接下来行业的周期。供需关系影响猪价，而且周期较长，这里的上涨逻辑就是很多猪因为猪瘟病死了，意味着供给端不足，而要把小猪养到出栏最快也要半年，这就存在着供需错配，在需求端不变的情况下，猪肉很快就会供不应求，猪价就会大涨。后来猪价确实大涨了。到了2019年第四季度，温氏股份股价开始有下跌趋势，但温氏股份2019年第四季度的业绩是最好的，利润为78.82亿元。这也是周期股的陷阱之一，即业绩最好的时候，往往是股价最高的时候，之后的业绩不会再超过最高点，因为周期性，业绩会慢慢衰退，甚至亏损，股价自然会下跌，所以温氏股份的股价从2019年10月的高点42.38元，一路下跌到了2021年7月30日的最低点12.14元（其中有除权分红，市值跌去了60%，这里可以用除权后的股价乘当时的总股本算出市值）。

随后温氏股份仅用半年多的时间，一路上涨到2022年3月的22元，涨幅近80%，但是其2021年的业绩亏损134.04亿元，而且温氏股份2022年第一季度依然亏损了37.63亿元，股价却涨幅近翻倍。如此巨额亏损的情况下股价依然大涨，相信很多人很难想象，从许多普通投资者当时的角度来分析，猪价依然不明朗，行业周期有可能未见底，还会持续亏损，一切都是未知数，不敢抄底。

存在即合理，依据个股趋势投资策略，投资者可能对猪周期判断错误，却不会有大损失，比如在2019年第四季度后温氏股份整体是下跌趋势，跌破60日均线的时候基本空仓了，其间有几次突破60日均线买入又卖出，整体亏损有限，在10%左右，2021年9月到2022年3月这一波大涨行情，之前亏损的就赚回来了，而且还有盈利。为什么股价可以上涨，原因在于供需关系，整个养猪行业已经亏损接近2年了，在一直亏损的情况下，就会有一部分人扛不住亏损而退出养猪行业，整体供给端减少，直到可以获得盈利为止，供给端再开始增加。所以可以看到温氏股份2022年第三季度获得盈利42.09亿元（当然温氏股份还有其他的业务比如养鸡，但是使利润波动这么大的主因还是猪价）。

而牧原股份，用一个词语形容就是不可思议。温氏股份、正邦科技、新希望三家大养猪上市公司，2021年都有巨额亏损，2021年利润分别是-134.04亿元、-188.19亿元、-95.91亿元，牧原股份的利润却达到了69.04亿元，而且卖猪的销售毛利率远远高于其他三家养猪上市公司。从经济成本的角度分析，牧原股份有如此高的利润，只需全国扩张，用成本优势便可以打败其他对手，实现一家独大了，事实上是否有这种可能呢？我们可以从牧原股份已经发布的财务报表来分析这家企业。

以2022年第三季度为例，牧原股份的总流动资产只有565.84亿元（猪价波动会影响库存价值，此处算上猪库存），而负债端短期借款297.48亿元，应付票据及应付账款317.08亿元，其他应付款138.47亿元，一年内到期的非流动负债81.59亿元，大额的流动负债834.62亿元，非流动负债274.41亿元。可以看到牧原股份的资金链非常紧，赚的钱全部投进固定资产用来扩张了，负债率比较高，如果后续几年猪价持续低位导致大额亏损，资金链可能断裂，其还不起债务，甚至破产。如果猪价能够坚挺甚至到较高位，那么凭借这一大波扩张，牧原股份便能稳住头名，和其他养猪企业拉开一大段差距。但对于周期股而言，牧原股份接近3000亿元的市值估值偏高，当然这并不重要，投资者只在周期到来，即将出现股价上涨那一波才买它，不可能长线持有。牧原股份从2018年第三季度到2021年第一季度股价涨幅近10倍，财务报表出来利润下跌之后就不再买入了，也就是说，在牧原股份2021年第二季报业绩出炉后，利润大幅下降，没有继续大幅增长的预期条件，即使趋势上触发买入条件也不再买了，而其他的操作按照个股趋势投资策略进行即可。在2021年2月22日到2021年7月28日这波暴跌中，基本从高位就大幅度减仓了，亏损有限，但一直持股的可能就直接被“腰砍”了，股市亏20%和亏50%的差距是巨大的，亏20%只需涨25%回本，而亏50%要涨100%才能回本。

小结

各行各业都有周期，只是强弱、时间长度不一样，但是弱周期股票股价波动不会很大，不适用趋势投资策略。趋势投资策略要在强周期股上应用。强周期的行业有证券、房地产、有色金属、航运、采掘、建筑材料、钢铁、化工、机械、造纸、养殖等，其特点是最先感知经济动向，与经济走势高度相关，并有一定的提前反应。

普通投资者可以从两个方面抓住机会，一方面是分析经济发展对商品供需所造成的影响，另一方面是关注商品价格来修正自己的判断。第一个方面需要极强的经济分析能力，第二个方面则不太需要经济分析能力，而是需要勤奋，需要每天去了解各主要商品的价格波动和最新的行业资讯。比如大经济周期的波动，2008年金融危机后，各行业都不景气，大宗商品价格暴跌。每当有经济危机来到的时候，必然会有各种经济刺激政策来保住经济，最常见的就是货币宽松政策。2008年金融危机爆发后，因为货币的大“放水”对经济的刺激，大宗商品价格自然猛涨，从2009年2月触底反弹到2011年

2月见顶回落。相关的周期股票利润猛增，股市也迎来了一波大反弹。我们要理性看待危机，每次危机爆发都是机会，因为各行业会重新洗牌，可以用比危机前更低的价格买到以前想买的资产。

又如2008年金融危机下的花旗银行。花旗银行是全球性大银行，总市值曾经位居银行业之首，然而金融危机时第一批倒下的就是美国的银行股，花旗银行因为杠杆率太高，几乎要破产倒闭，股价从2007年5月18日的最高点55.55美元/股跌到了2009年3月5日的最低点0.97美元/股，市值跌去98%。这时可以用个股趋势投资策略来抄底花旗银行，像这种大波动股票最适用了。

如果真的发生这种情况，最需要注意的不是方法，而是仓位，仓位不能太重，要分散投资，对于普通股民而言，单股持仓不超过10%，因为个股跌到这么低可能是要破产了。分散买10多个股就安全多了，在不做杠杆的情况下，可实现一波资产的大抄底，毕竟小部分企业会倒，但经济实力第一的美国不会真的倒，如果真的倒了，美元也没用了，还是要抄底便宜的资产。还有其他行业的便宜资产，不再一一细数，只需记住大危机过后就是大机遇，要应用个股趋势投资策略来抄底。

同理，全球大“放水”必然会导致资产价格大涨，比如资源股，资源是不变的，但是钱变多了就贬值了，资源自然也要相应地涨价，从而导致通货膨胀。比如有色金属、石油、煤炭、天然气等资源股，业绩最先暴涨，然后再到上游的原材料加工企业，比如钢铁、化工等。铁矿石、石油大涨价后，钢铁、化工这些行业自身有一定库存，库存升值了，就相当于赚了一笔利润，然后为了让产品保持一定的利润率，产品也会按相应比例涨价，因为原料成本上升，比如卖同样的一吨钢铁要比之前赚得更多才能保证一定的利润率，从而利润也更多了（前提是供需不变），所以整体而言这些加工原材料的钢铁、化工企业利润也会大涨。大宗商品大涨价，通货膨胀通过产业链一步步传递到最下游和消费者，各行各业的利润都涨了，最后工人工资也涨了，房价也涨了，完成了一轮通货膨胀，人们的存款却贬值了。总之，货币大“放水”，大宗商品大涨价，最上游的资源股、原材料加工企业获利最丰厚，也都属于强周期行业。

另外它们还受供需影响。2015年左右，因为产能过剩，煤炭、钢铁、部分化工行业等都在亏损，后来供给侧结构性改革促进产能过剩化解、产业优化重组，通过“有形的手”来调控市场，这些行业的盈利情况得到了很好的改善，所以在货币大“放水”和供需错配的叠加下，大宗商品会出现超级周期。2020年的新冠疫情深刻地影响了正常的经济运行，疫情暴发之初，许多国家停摆，工厂停工，学校停课，各国贸易活动也大幅减少。疫情导致许多地区被封锁，服务和生产活动暂停，供应链中断，全球股市也大崩盘，全球经济深度衰退。而每一次大危机里也蕴含着大机遇。因为人生活要有必需品，长时间大范围的停工停产必然导致大量原有的库存被消耗，商品稀缺，需要较长的时间来恢复正常的供需平衡。

到了后疫情时代，各国经济开始复苏，一国经济恢复是需要大量的资源支撑的，特别是大量的能源，因而容易引起能源短缺和抢购，导致全球电力缺口、部分工厂企业被迫停工，进而影响粮食、水泥、化肥等其他行业。同时受疫情影响，全球各主要经济体大“放水”，进一步推高了资产价格。天然气、石油、煤炭等能源价格飙升，其他的有色金属等资源股也是大幅上涨，相关企业利润大增，在全球范围内出现了一波牛市。A股市场也诞生了一大批的牛股，以航运股中远海控为例，2021年利润为892.96亿元，比过去20年加起来的利润多2倍以上，主要原因就是疫情造成航运超级周期。

航运强周期出现的原因很简单，运力是需要很长的时间才能增长的，就像周期来了，需要更多的船和集装箱，从制造到投入新运力至少需要2年的时间，所以在航运需求大的时候，航运企业是有很大的议价权的。而这次新冠疫情造成的前期航运停摆，后期需求恢复的时候，就需要把之前较长时间的需求空缺补上，导致供不应求，再加上港口工人不足、港口拥堵、集装箱短缺等情况，加剧了供需错配的程度，航运价格持续上涨。

对于周期行业，核心依然是供需。每一次供给远大于需求，造成行业暂时萧条的时候，就是下次需求远大于供给的反转时机之一。供给不可能一直大于需求，供给也不可能一直小于需求，周期会让供需波动，最终达到相对的供需平衡。复苏、繁荣、衰退、萧条，经济一直在波动，周而复始，这就是周期。伴随航运价格的持续上涨，中远海控的股价也持续大涨，从2020年5月的最低点3.14元涨到2021年的最高点33.40元（除权），涨幅近10倍。如果投资者选中这只股，再使用个股趋势投资策略，基本能赚到绝大部分的利润。分析经济发展对商品供需端影响的能力很重要，要做到提前预测航运行业何时会从停摆到反转，在突破60日均线的时候购买。

还要关注商品价格，它会修正我们的判断。航运价格持续上涨，就说明行业反转可能要来了，证明当前判断是正确的。回到个股趋势投资策略，只要它一直在60日均线上方上涨则当前判断是正确的，如果它不再上涨，跌破60日均线下方0.8%，也有其本身的原因，跟随趋势操作就好。提到中远海控就必须提到估值，从笔者之前的观念来看，2023年1月股价在10元左右，AH股（A股和H股的简称）总市值为1700亿元左右。根据中远海控的2022年三季报，2022年前三季度利润为972.15亿元，2年内业绩就接近1900亿元，接下来还有一段时间航运价格将持续走高，未来几年内还能获得不错的利润，远比1700亿元的总市值要高得多；2022年三季报披露的货币资金就高达2973.38亿元，现金流非常好。

从巴菲特的价值投资来说，这是稳赚的，假如他买下中远海控后，把大量现金分红了，留下一部分继续运营，分红的现金就已经超越市值了，相当于白捡了一个航运龙头。但现实是，这是央企，买不了，而且它的股价从2021年的高点被“腰砍”了不止一半。这只是案例之一，或许许多价值投资者也有这样的想法，觉得中远海控的估值应该更高，从而高点被套。

笔者也追求业绩，追求利润增长，但不那么重视估值，而更重视市场给出的答案，即存在即合理，顺势而为，根据趋势买卖。即使笔者看好它会涨，也会根据个股趋势投资策略操作，因为个人能力有限，不可能人人都是巴菲特、张磊这样的大师，有这样能力的人确实可以根据自己的主观意识去判断股票价值的高低，而普通投资者最好是根据趋势被动买卖。

还有许多个股像中远海控一样遇到这样的机遇，许多高耗能的化工、冶炼行业因为限电或其他地缘政治等原因供给断了一段时间，使得产品涨价，叠加大“放水”这一因素，各成本上涨，价格涨得更厉害。比如湖北宜化、新安股份、合盛硅业等，湖北宜化涨幅近12倍，新安股份涨幅近4倍，合盛硅业上涨近10倍，都是在2021年内发生的。所以投资周期股要了解行业产品上涨的可能因素，在大多数情况下商品涨价会让企业获得更多的利润。另外，部分成长股也会变成周期股，比如光伏、新能源汽车会因为行业前途广阔而成长，但又会因为行业饱和而出现产能过剩，像天齐锂业因受益于新能源汽车的兴起而利润暴涨，受益于成长型行业，但本身又为资源股，等行业出现产能过剩后，也会像2015年煤炭那些资源股一样出现亏损的可能。即便是芯片这样的高科技产物，也有很强的价格周期，因而把握各行业的周期来抄底，是实现财富快速增加的重要途径。

第三节 题材股

题材股从题材出现到业绩爆发大多相隔时间非常长或者不确定性非常大，同时题材股大多受突发事件、消息等因素影响瞬间大涨，投资者无法根据个股趋势投资策略进行操作。事件是突然发生的，股价可能在60日均线上方很高的位置，投资者不能做到刚突破60日均线就买入。追高就意味着不是顺着最早的上涨趋势买入的，而是中途买入的，就不能做到按照长期趋势操作而保本，不符合稳健策略。但题材股又让人充满想象力，很多题材股都是短期暴涨的，存在即合理，在部分股票上依然有操作的可行性，本节主要是使部分新投资者了解这些情况存在于市场的逻辑。笔者把题材股分为政策类、重组类、新科学技术类和其他类。

一、政策类

顾名思义，政策类的题材股就是受到政策影响的个股。正如《春天的故事》里的一句歌词“有一位老人在中国的南海边画了一个圈”，然后深圳从一个小渔村变成了大都市，可见政策影响之大。因而投资者必须时刻关注国家政策的最新动态，当新政策出现时就要分析哪些行业会受到影响，同时评估影响有多大，如果政策对行业具有较大利好影响，那么就从行业中选出最受益的个股，找机会买入。

比如2013年的上海自贸区概念。2013年8月，国务院正式批准设立中国（上海）自由贸易试验区，于是上海当地相关上市公司立即开始了涨停潮，与自贸相关的港口、在贸易或自贸区内拥有较多土地储备的公司成为那一波的龙头，如上港集团、上海物贸、外高桥、陆家嘴等。上港集团一个月左右上涨了200%，上海物贸上涨了近400%，外高桥上涨了近380%，陆家嘴上涨了近200%。其中，上海物贸从2013年7月3日就开始了上涨行情，原因是2013年7月3日，国务院常务会议讨论并原则通过了《中国（上海）自由贸易试验区总体方案》，所以从时间上来说，有非常充分的准备时间来提前买入相关的股票。从探讨成立上海自贸区到正式批准成立自贸区经过了相当长的时间，最早在2013年3月就有相关消息了。投资者首先需要有对政策的理解能力，了解政策对经济有多大影响，再提前找出相关个股，然后按照个股趋势投资策略进行操作。资金为何炒作这些个股？是因为深圳的成功实在是太耀眼了，让人充满想象。

回归价值本身，发展不是一朝一夕的事，从批准设立经济特区、自贸区、新区等到上市公司真正成长壮大需要很长的时间，但大资金往往只是想炒作一番，而不是真的想要长期持有股票。类似地，2017年4月1日，中共中央、国务院印发通知，决定设立河北雄安新区。但相关题材股炒作很快就“熄火”了，不像上海自贸区概念股有那么长的上涨时间和那么大的上涨幅度。雄安新区被定位为“千年大计”，凸显了设立新区有特别长远的战略意义，相关的概念股的表现应当不止这些，笔者当时也买入了相关的概念股，但很快就停牌了，复牌后又持续大跌，其中的区别在于监管方面。2017年4月12日晚，因雄安新区概念股涨幅巨大，八大龙头被勒令停牌核查，释放了很明显的监管信号——“千年大计”，股市不要乱炒作。此后炒作情绪降温，正所谓枪打出头鸟，大资金也不敢兴风作浪，所以行情并没有持续很久。而许多追高的资金在复牌后大幅亏损。

还有其他的大规划，比如“一带一路”倡议，最早是在2013年9月提出的，到2014年随着各种规划的提出，相关个股走出了一大波行情，其中以基建股为龙头，五大基建股涨幅最大，分别是中国建筑、中国中铁、中国铁建、中国交建、中国电建，其中中国中铁涨幅最大，接近9倍，中国交建、中国铁建、中国电建涨幅为5~6倍，中国建筑涨幅在3倍左右。不可忽略的是涨幅的背后还有牛市的影响，但还是需要有题材的想象力，不然是难以拉动这些大市值股票的，像2019—2021年创业板的大牛市它们就没有多大的表现了。

还有其他的产业政策，比如供给侧结构性改革，新能源汽车、光伏、风电、芯片等相关产业发展的规划和相应的支持政策等，而这些产业大多数是近几年10倍牛股的所在行业，所以政策所指，资金所往。

总而言之，跟着国家的政策走。从宏观经济上看，国家所看到的远比我们想到的更远，也更周全，所以要时刻关注新政策的发布。相对于“炒地图”，这类因产业规划获益的个股往往股价上涨的时间跨度更长，涨幅也更大，也有更好的业绩支撑。像新能源汽车概念早在2015年的时候就开始被炒作了，随着相关补贴政策的重点扶持，在相关的产业链基础和配套慢慢完善后，新能源汽车产业在这几年爆发了，更诞生了宁德时代这种行业龙头，2年内实现市值从千亿元到万亿元。中国新能源汽车产业更是实现了弯道超车，在全球处于领先地位。可见，政策类利好的个股价格上涨大多是有一个时间跨度的，可以把这些有发展潜力、利润有望大幅增长的个股加入股票池，然后再利用个股趋势投资策略操作。

二、重组类

重组类题材股是指出现控股或者收购等重大资产重组、合资合作、股权转让等的股票。被重组的公司给重组股带来新的机遇，把市场外的优质资源嫁接到市场内部，比如某大公司借壳上市，那么原来上市公司的主营业务就会变为这家大公司的业务，而且被借壳的公司往往业绩很差，被借壳后就有了新的能有较好盈利的主营业务，因而借壳上市、资产注入、资产重组等都会让被重组的个股实力大增，所以重组股大多数会大涨。

比如2014年南北车合并。2014年9月初传闻中国南车和中国北车合并，两家公司股价双双大涨；2014年9月5日，中国南车发公告辟谣；2014年10月16日，传闻又起，中国南车涨停；2014年10月28日，中国南车和中国北车停牌且宣布将合并为中国中车，然后中国南车股价从低点5元左右上涨到接近40元，半年最高涨幅近7倍，中国北车股价由6元涨到43元，最高涨幅近6倍。2015年6月8日中国南车和中国北车合并的相关工作完成，股票简称由“中国南车”改为“中国中车”。中国南车和中国北车股价暴涨的原因在于，市场认为中国南车和中国北车合并后能增强中国高铁的海外竞争力，而且能减少相互压价等内耗行为，提高高铁行业卖方的话语权，增加利润。当利好出尽后，2015年6月9日中国中车股价开始了下跌之路，跌到5元多。

这里可拓展应用个股趋势投资策略。如果市场突发某大利好消息，可能让该企业在未来盈利能力大幅提升，个股在60日均线上方5%以内也可以买入，前提是投资者控制这个亏损空间，如股价在60日均线上方5%

以内可以买入。中国南车和中国北车在合并前，大概在2014年9月的时候处于横盘状态，有一段时间与60日均线的差值不是很大，这里就是一个可以买入的机会，当然前提是能预测到中国南车和中国北车重组成功，即要选对股，这是很难的。然后根据个股趋势投资策略操作买入，后期即使中国中车大跌也不会亏损太多，因为投资者在中国中车均价30元左右的时候就空仓了。很多时候如果普通投资者恰好遇到这种突然大涨的个股，在大涨后是可以按照个股趋势投资策略操作的。

还有其他重大资产重组的例子。2015年巨人网络借壳世纪游轮上市，复牌后连续20个涨停，一个多月里股价最高涨幅近6倍。2016年顺丰控股借壳鼎泰新材上市，复牌后股价连续涨停，仅一个月的时间股价涨幅就接近300%。2017年三六零借壳江南嘉捷上市，复牌后实现18个涨停板，两个月里最高涨幅近7倍。但是能遇到这种借壳上市类型的重组，纯粹靠投资者的运气，基本无法分析出来，一旦停牌前个股就有涨停或连续的大涨，很可能不会被证监会批准，因为可能涉及内幕交易。而复牌后又是连续的一字板，普通投资者也买不到。所以这种类型的股票是不适合用个股趋势投资策略的，不需要过度关注。

还有合资合作类的股票。和大公司合作的消息公布后，这种类型的股票股价容易大涨。假设某上市公司和腾讯、阿里巴巴、特斯拉、苹果等巨头合作，依靠合作方非常丰富的资源，其就有大幅提高营收利润水平的可能，因而促使股价大涨。2020年1月，模塑科技宣布和特斯拉合作，模塑科技的股价在一个多月里大涨近300%，但这种方式不具有通用性。当时的模塑科技是个市值几十亿元的公司，和特斯拉合作的确有可能快速壮大自己，如果是市值较大的（市值几百亿元的）、拥有很高的市场份额的公司，和巨头公司合作确实有利好在，但是影响有限；相反，假如其和巨头公司解除合作关系，与巨头公司相关营收占比较大，股价大概率会持续大跌。

资产注入，即大股东把优质资产注入上市公司。比如中航电测，2023年1月11日，中航电测发公告拟发行股份收购成飞集团100%股权，复牌后，连续8个20%涨停板，最大涨幅接近5倍，而中航电测实际由中国航空工业集团控制，成飞集团是中国航空工业集团的下属企业。军工资产注入能有效提升上市公司的资产质量，同时有助于企业做大做强，这就是军工股高估值的原因之一，有军工资产注入上市公司的预期，且军工集团的许多优质资产还未上市，很有想象空间。压注军工资产注入的成本是很大的，因为军工集团大多拥有许多上市公司，比如中国航空工业集团控股的上市公司就有20多家，所以很难判断哪家上市公司会获得资产注入，而全部买的话又不现实，成本平均下来收益并不会高，当消息公布出来后，大多又是连续一字板大涨，根本没有多少机会让普通投资者分到一杯羹。

这也是题材股的特征之一，即突发性，难以拥有低位买入的机会，大多只能在高位接盘，性价比很低。而潜伏的难度也相当大，时间成本、沉没成本也很高，除非有很明显的公开消息显示会重组且个股位置较低未怎么上涨，不然不建议赌并购重组股。

三、新科学技术类

新科学技术类题材股有别于成长股里的科技革新，成长股里的科技革新是能够很快应用特别是商用的，这里的新科学技术类是指新的科技概念，距离真正采用和商业化还有很长的时间，还处于概念阶段。这种类型的科技大多是新事物，在未来可能拥有很大的使用价值，可能带来大的利润，因为有想象空间，所以市场上经常炒作这种类型的概念。有的技术可能最后没有商用的价值，也有一部分会随着时间的推移应用到现实生活中形成一个大的产业链，正是这种可能性，催生了股市投资者的预期，使得这类股票被炒作起来。新科学技术类的大多数是新鲜事物，当大多数投资者还不理解这是什么东西、为什么火起来的时候，这类题材股的股价已经大涨了。

比如2023年2月很火的ChatGPT、AIGC。AIGC是指人工智能生成内容，ChatGPT是AIGC的一款头部应用产品，例如你做题目、写代码、写论文、写小说等有不懂的问题，ChatGPT都会回答你可以怎样做，它会像客服一样帮你解决问题，因此ChatGPT是有可能颠覆传统搜索引擎产品的新应用。相关的题材股也随之大涨，2023年2月前后，汉王科技、拓尔思、鸿博科技、海天瑞星都在不到半个月的时间里涨幅超过100%，海天瑞星更是涨幅超过200%。

从前景来看，多个行业未来可能会应用ChatGPT，但现在只是炒作，假如长时间内没有更多实质性的进展，这些个股依然会回到本身的价值区间。而待技术成熟后，有很大的市场规模时，真正依靠这项技术而利润大增的那些个股股价也自然会大涨，这整个过程就是成长股发展的过程。这种新科学技术类题材股，在经济发展中有一部分会成为成长股，而那些失败了、没有多大实际价值的个股就叫作纯粹的炒作。这些都是需要很强的能力去甄别的，可称之为投资眼光。

类似的例子还有很多，比如2021年9月出现的元宇宙概念股炒作热。元宇宙是一个平行于现实世界又独立于现实世界的虚拟空间，是互联网的下一个阶段，是由VR、AR、3D等技术支撑的虚拟现实的网络世界。2018年的电影《头号玩家》中塑造的“绿洲”世界是最接近元宇宙的形态。人们可以在虚拟世界中赛车、冒险，所有虚拟世界的感官刺激都可以通过体感服或者VR设备让现实世界的人产生真实的感官体验。可以这样说，一旦出现电影里这种元宇宙游戏，形成一个非常庞大的相关产业链，那么绝大部分游戏会被取代。在这种前景下，相关的概念股也因受到追捧而大涨，2021年9月6日中青宝宣布将推出模拟经营类元宇宙游戏

《酿酒大师》，紧借“元宇宙”概念，中青宝在随后的2个月里涨幅近400%，然而后期其业绩有多差也有目共睹，其仅仅只是资本的炒作。

新概念刚出来时大多数是炒作，而且大多数投资者还没弄懂它是什么，它的股价就已经大涨了。但投资者还是有机会提前布局的，不论是ChatGPT，还是元宇宙，美股炒作都要比A股早，也就是说平时可以多关注美股的最新动态，即“抄作业”。毕竟美股还是第一大股市，美国也是第一大经济体，可以看看别人炒的是什么，然后甄别一下是否值得提前去潜伏相关概念股。有的科学技术是会逐渐走向商用，并用到生活中的，这种情况下，往往会出现一些成长股。在新的科技出现后，要通过自己的判断，看这些科技是否能够产生很大的经济效益，然后关注相关的股票，如果这些科技有很大的商用价值，那么就对拥有这些科技的股票进行投资。这里特别提示一点，许多与人工智能、机器人等相关的更为先进的技术必然会在未来出现，资本会在这些方面投入大量的资金，所以这些也是未来成长股的重要发展方向，市场必然会反复炒作这类题材，最终也会诞生一批伟大的公司。

四、其他类

题材股还有其他很多种类型，但不再逐一分类了。题材股的特点是一些突发事件、重大事件或特有现象使部分个股拥有一些共同的特征。比如某股发布高送转公告，然后股价被炒作；5G商用消息公布，相关的5G概念股票大涨；申奥成功，相关的奥运概念股票大涨；比特币火爆，区块链、数字货币概念股被炒作；禽流感发生，禽流感概念股被炒作；web3.0概念出现，相关网络个股股价大涨；等等。题材股大多是由突发事件形成的，这些突发事件可以供炒作者借题发挥，引起市场大众跟风，给人以非常大的想象空间，让人对后势发展充满希望。而题材又是在一个阶段发生的，时效性强、持续性弱，如果后续还有发展，那么这种题材股就有反复性，会被多次炒作。

这里以新冠疫情为例，复盘当时的概念股。新型冠状病毒最开始被大家熟知是在2020年春节前后，最早的病株因为传染力极强，死亡率也较高，所以2020年新年过后最先被炒作的是检测股、医疗防护股，做基因检测的达安基因在2020年内最高涨幅近5倍，东方生物在2020年内最高涨幅近4倍，做防护手套的英科医疗在2020年内最高涨幅为30多倍，口罩股道恩股份2个月内最高涨幅近4倍，还有许多其他相关行业股票大涨几倍。

首先，有的是由于一次性透支后期业绩而上涨，有的是随着疫情时间持续和范围扩大而持续上涨。这里有一个细节需要注意，题材股的热度会伴随着题材发生的持续性而改变，即假如疫情完全可控了，那么相关题材股就会消停，而依然有较大影响的题材，则会保持热度，或有其他新个股被炒作。像猴痘病毒，只在最早传播时、新闻出现时被炒作了几天，后面没有引起大规模的传染，这类题材股很快就“熄火”了。到后来因为全球新冠疫情的反复，防治新冠、治疗新冠和抗原检测的相关企业股价也开始大涨。生产新型冠状病毒疫苗的上市公司科兴生物（SVA）2021年赚了900多亿元。

国内新型冠状病毒疫苗相关的业绩比较好的康希诺生物的港股市值涨了10倍左右（康希诺生物在A股上市时已经接近2021年了，本身上市估值较高，涨幅不是太大，最高涨幅在150%左右），智飞生物最高涨幅在4倍左右。治疗新冠的相关个股上涨了的就更多了，大家耳熟能详的制作连花清瘟胶囊的上市公司以岭药业最大涨幅在6倍，其间多次涨跌起落，中国医药代理辉瑞特效药的消息一出，中国医药的股价一个月内大涨3倍，其他治疗新冠的概念股如雅本化学在几个月内最大涨幅近5倍，精华制药涨幅近4倍。抗原检测的龙头九安医疗，因为美国的几个大单，2022年第一季度利润为143.12亿元，股价半年内最大涨幅近18倍。受新冠疫情影响而股价大涨的个股还有很多，这里不再细说。

可以看到，这些个股在风口上涨很多，但新冠疫情被控制后，下跌幅度也相当大。如果个人能力不足以准确判断企业业绩、估值，将会造成巨大的亏损，比如英科医疗市值最高跌幅超过85%，虽然2020年、2021年业绩很好，但依然“跌跌不休”。一个估值判断错误将会遭受巨大的损失，此时如果应用个股趋势投资策略来操作，你会发现，即使你不懂估值、不懂业绩、不懂走势，只需将个股趋势投资策略套用在英科医疗等题材股上，你依然可以赚到很多钱且规避绝大部分损失，这就是个股趋势投资策略的强大之处。而其他相关的新冠疫情概念股使用这种方法也会得到非常高的收益。

回归现实，由于新冠疫情是突发性事件，可能做不到在趋势低位就买入，事件发生时概念股股价就已经在高位，符合买入条件的选股类型已经大涨过一波了，收益不会很高，而且高位风险还很大。所以，就有之前提到的个股趋势投资策略的拓展应用，就是在60日均线上方差值低于5%而又可能出现大牛股的时候买入，5%以内的损失可以承受，更高的差值位置就没必要了，投资者要求稳，追求高收益的同时又要将损失控制在可接受的范围内。

上面这些股票中有许多个股业绩的确爆发了，有的甚至增长几十倍，也算是成长过一段时间，但是没有被归到成长股的范畴里，是因为这种类型属于突然出现的，没有持续性，不是中长期的成长，也不能算是周期股，所以将其归到题材股里。可以看到题材股里即使有比较多的类型，但是本质还是追求预期的高利润增长率，即利润大幅增长或利润有可能大幅增长，能够有很好的想象空间，从而可能带来巨大的涨幅，这也是许多人追求题材股的原因。存在即合理，不能否定这些题材股的大涨，估值不是唯一的标准，如有合适买入位置的热点题材股就用个股趋势投资策略买卖，没有合适位置的就不买。

第四节　处于经济和股市大繁荣时的股票

影响个股股价波动的因素，业绩是其中之一，另一个因素是整体的估值水平，简而言之就是牛市整体估值大幅提高，熊市整体估值大幅下降，所以个股估值会被迫受股市大环境影响。另外，经济繁荣的时候，未来业绩有保证，股市整体估值也会相应提高；经济萧条的时候，未来业绩可能衰退，股市整体估值也会相应地下降。在个股自身情况不变的情况下，股市和经济的大周期也会较强地影响个股走势，比如在牛市时几乎买什么股票都能赚到钱，相反在熊市时很难找到几只能赚钱的股票，所以除了分析个股外，也必须关注股市大环境。

牛市、熊市本质上还是受资金驱动，而资金受两方面影响，一是市场空闲的钱的多少（利率、货币宽松程度），二是投资者的情绪（决定要不要把钱投入股市）。

经济从多方面影响股市。一是资金，经济繁荣时钱多，流入股市的钱也多；经济萧条时，股市的钱要流出，来应对不好的经济状况。道理很简单，假设你开了一家公司，经济繁荣的时候，有较多利润，那么你才有钱投资股市；经济萧条的时候，公司需要钱，你自然需要把股市的钱投入公司。二是情绪，经济繁荣的时候，个股的业绩预期好，自然更有吸引力；经济萧条的时候，个股的业绩预期差，就不会有买入的欲望。简单来说是如此，但是股市的涨跌会受很多因素的影响。

笔者认为，不管是股市崩盘还是经济危机，其根源都是虚假繁荣。虚假繁荣是指人为地制造虚假的购买力而出现的表面的经济繁荣，实质是泡沫经济。对于股市而言，持续的大涨幻想会使人们盲目乐观，导致场外过多的资金持续流入股市，使股票价格远超其价值本身，最终会在某一个时刻泡沫破灭从而导致股灾，直到整个股市回归到其本身价值附近。经济同理，过于宽松的信贷和高杠杆负债导致短期的需求大增而透支了未来的增长，形成了虚假需求，从而刺激了供给端的扩张，最终居民负债过高，后续消费力不足，使得日后社会各方面出现严重的产能过剩，从而导致经济危机的爆发。之所以着重提到经济，是因为经济危机出现，金融、股市也必定出现危机，一旦主观判断失误，发生股市崩盘或者经济危机，损失的可能是你的全部资产甚至让你负债累累。

历史上最严重的经济危机是1929—1933年的经济危机，这是资本主义世界爆发的空前大危机。而相应的股市也崩盘了，道琼斯工业平均指数跌了接近九成，个股更是惨不忍睹，几乎跌到没有价值，许多知名投机者损失惨重，即便是20世纪最著名的经济学家凯恩斯也在这次危机中几近破产。2000年美国互联网泡沫破灭，以科技股为主的纳斯达克指数最高跌幅接近八成，许多在纳斯达克上市的企业破产、退市，而因为纳斯达克指数跌幅近八成，板块内的个股损失惨重，亚马逊差点破产，中概股搜狐、网易等跌至不足1美元，跌幅都超过90%。

重点是投资者要明白股市暴跌的根本原因有两个，一个是股价短期过度上涨导致估值泡沫过大，另一个是受经济危机的影响。如果非要用指标来衡量短期过度上涨的话，可以用一个估计数值。以上证指数为例，上证指数年内最大涨幅超过40%，或过去3年内上证指数最大涨幅超60%；以创业板指数为例，创业板指数年内最大涨幅超过60%，或过去3年内创业板指数最大涨幅超过80%，就需要注意调整仓位。当上证指数跌破60日均线时整体总仓位不超过四成，涨超60日均线时总仓位才可以在八成以上，控制整体的仓位，避免破位后，由情绪引起指数持续大跌，个股也遭受波及。当然严格按照个股趋势投资策略来执行也可以避免大亏损，要注意市场失去流动性，出现恶性下跌、短期连续跌停的情况。即使股市整体估值比较低，在严重的经济危机下，股市依然会大幅下跌，因为经济危机会引起往后的经济萧条，从而股市也会因为预期变得很差而崩盘。

笔者认为，正常情况下的经济危机的根源，一个是过度的虚假繁荣，我们需要关注整个社会的杠杆情况，包括政府负债、企业负债、个人负债等是否已经超出正常水平的负债率，最近几年企业去杠杆、房地产行业降负债等都是为了预防这种风险。另一个是外债，正常情况下只要保证国际收支平衡，不出现持续大的贸易逆差情况即可。

如果普通投资者没有能力去分析这么多经济发展动向，那么就遵从指数趋势控制仓位或者按照个股趋势投资策略来执行就行了，因为经济危机也会在股市走势中显现出来。股市崩盘不可怕，只要严格按照趋势投资策略来操作，就能保住大部分本金。因为崩盘的持续大跌时间长，个股和指数也是持续在60日均线下方，没有触发买入条件，基本处于空仓或者低仓位，所以是很安全的。

事实上，股市崩盘，但钱的总额是不变的，只是被那些股市大佬们在高位减仓赚去了，而崩盘之后将会遍地是机会，这种时候恐慌情绪会使那些优质的个股变得非常廉价，成长股的估值也非常低，是真正的抄底机会。低价买入各行业的核心资产，等待股市回归正常价值，将会获得非常丰厚的利润。而抄底也是用个股趋势投资策略来买入那些生活中必不可少的行业龙头股，风险也很低，因为用个股趋势投资策略可以有效防止大亏损和买入大跌股票。比如A股市场在2006年、2007年是超级大牛市，但是上证指数在2007年达到6124.04点后，开始了大熊市，叠加2008年金融危机，仅一年的时间就跌到了最低点1664.93点，最大跌幅达73%（图3–1）。个股表现就更惨了，但只需根据趋势投资策略在图3–1圆圈1的位置大量减仓，即可躲过这些巨大亏损。上证指数从6000多点下跌到1600多点间仅有一次重新站上60日均线，其余时间基本在低仓位或者空仓，到第二次上证指数站上60日均线上方0.5%时已经是2008年11月27日的2000点左右（图3–1圆圈2），说明在触发买入条件后，已经成功抄到底部了，然后上证指数在不到一年的时间里反弹到3400多点，在指数上涨70%后卖出（图3–1圆圈3）。

趋势投资策略就是这么强大，特别是2006年上证指数从1000点涨到6000多点，涨幅近500%，按照趋势投资策略操作，几乎可以赚到所有上涨趋势的钱，而不用惧怕估值过高而提前下车。如果仅从价值投资的角度来看，根本不可能赚到这么多钱，因为它的上涨已经超越价值本身非常多了，按价值投资来操作，可能早在3000点左右或者更早的时候就卖出了，因为这波大牛市，很多个股的上涨已经超出了想象。

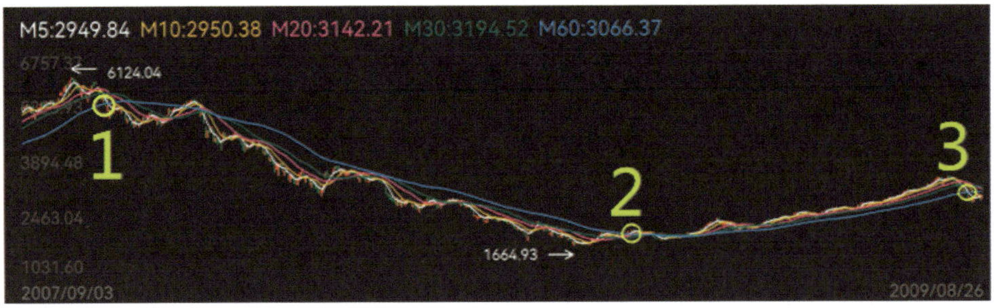

图3–1　2007年9月3日—2009年8月26日上证指数K线图

抓住股市和经济的大周期变换，在大牛市时使用趋势投资策略尽可能地一直持仓，然后股市开始下跌，在触发卖出指标时卖出，即使股市崩盘也可以通过趋势投资策略尽可能地减少损失，同时使用个股趋势投资策略在股市大跌后遍地便宜资产之时抄底，实现财富的快速大幅增值。

本章总结

本章讲的是如何选股，对投资者而言这是最重要的一点。即使个股趋势投资策略可以保证本金的安全并且买卖操作能够完美契合业绩股的大幅上涨，若想要获得高收益，就必须选出那些可能会大幅上涨、产生明显波动的个股。而本章提到的成长股、周期股、题材股、处于经济和股市大繁荣时的股票都是最容易出大牛股的股票类型。其中成长股、周期股中的大牛股都是业绩大增或者有业绩大增预期的个股，可以通过行业发展或公司发展来提前判断，是最适合使用个股趋势投资策略的类型，也是选股的重心板块。题材股炒作的逻辑也是有业绩大增的可能或者有很大的未来想象空间，但是题材股的突发性及时限性导致投资者难以通过预测来提前将题材股加入股票池，而当出现题材的时候又很少有机会买入，可见能否有买入题材股的机会是不确定的，存在运气成分。经济和股市大繁荣期往往发生的概率较低，要7～10年才有机会遇到，发生经济危机可以大抄底的概率就更低了。因而选股的重点应放在成长股和周期股，而题材股、处于经济和股市大繁荣时的股票则尽量把握。所以在选股中最重要的要素是业绩增长预期。

第一类：成长股

业绩增长多少才算好呢？从业绩开始增长算起，平均每年20%以上的扣非净利润增长，且至少预期5年内能业绩翻倍就可以算为成长股了，当然扣非净利润越高越好，股价涨幅更大。

第二类：周期股

周期股和成长股不同，周期股股价上涨最迅猛的时段往往是业绩开始大幅增长或者行业开始出现复苏拐点后的一年多的时间内，等到财务报表出来显示利润大增的时候，很可能股价已经上涨很多了。像煤炭、钢铁、化工等强周期行业，因为商品同质化，所以全球的价格基本上是统一的，可以透过相关的期货看到这些商品的波动。大多数情况下，这类个股的股价会与它们的商品期货价格的趋势一致，毕竟市场是全透明的，每个投资者都能看到这些大宗商品期货价格的波动，假如商品期货、现货的价格持续几天大涨，那么在接下来的一段时间相关行业个股的业绩也有极大概率会大幅增长，相关个股股价也自然会随着商品价格的大涨而开始上涨。等到真的出业绩后，股价早已经涨上去了，没有买入机会了。

所以成长股和周期股还是有很大的区别的，成长股有机会在后面通过财务报表发现好的公司后买入，而周期股则比较难操作，因为相关的商品价格是透明和即时的，等看到财务报表利润大增后再买已经没有机会了。对此，要找到周期股的买入时机有两个方法。一是通过各种最新消息、政策、行业趋势、经济变化等来预判行业周期是否即将从萧条转向复苏甚至繁荣，如果行业即将迎来拐点，利润大幅增长的可能性很大，就可以买入这些行业的股票。用这个方法需要投资者对这类周期股行业有深刻的理解，有什么风吹草动都能够感知到其对行业的影响，需要非常好的眼光和优秀的经济判断能力。二是通过当时的商品价格趋势来判断股票是否因为市场不认可而被低估，还没出现上涨趋势，即市场认为这是短暂的上涨，不会持续，所以股价涨幅有限，这种股票有一定的机会成为周期股。

简单地说，周期股商品的价格是会波动的，正常商品价格小幅度涨跌的情况下，股价不一定会和期货的走势相近。而期货当天大幅度上涨或者下跌，第二天相关个股也会相应地高开或者低开，也就是说，即使持续关注商品价格，也不一定有机会买进相关个股。当周期股的商品价格持续在高位，相关企业利润很大，而股价却没有大涨，依然在低位或者短暂涨过后又下跌了大部分时，就是买入机会之一。

另外需要注意的是，并不是业绩大增的股票，股价就一定会有一波大幅的上涨。但在整个市场上，大牛股大多是业绩增长非常迅速的股票，即在未来业绩大增或现阶段业绩大涨的股票里股价出现大幅上涨的概率会比其他业绩平平的个股高很多，是业绩大增的股票中最有上涨空间的一类。比如在2022年2月俄乌冲突后，原油价格大幅增长，布伦特原油更是接近140美元一桶，按理说相关开采石油的公司利润大增已经确定，而且从2022年来看石油企业的利润的确非常可观，但事实是股价上涨非常有限，中国石油、中国石化按低位来算也不够50%，而在美国有油田的新潮能源最高涨幅也只是在100%左右，和煤炭股或者美国石油的股票上涨相比，相差甚远。其原因就不再深究了，这里要理解一个重点，即业绩大涨的股票不一定股价也会大幅增长，只是上涨的概率会比其他业绩不增长的个股高许多，关键还是在于人的情绪，可能时候还未到。股市是没有绝对的，即使是同样的业绩增长，股价走势也会完全不同，因为除业绩增长外，其他因素也同样在影响着人的买卖情绪，从而导致股价波动。

当我们没有足够能力思考其中原因的时候只需遵循两点即可，一是如果利润大增而股价还没怎么上涨就把这类个股加入股票池，二是把能持续高利润较长时间的或者利润率还有上升空间的个股加入股票池，然后按照个股趋势投资策略来操作，直到利润开始负增长再将这些个股剔出股票池。但更多的时候，投资者需要提前对周期股行业走势进行判断，在业绩拐点出现前就需要发现并关注买入时间点了。

第三类：题材股

题材股就比较考验运气了。即使投资者有分析题材股的能力，即能很快理解新的概念或者能第一时间根据股市动向发现那些可以有想象力的题材，依然是需要运气的，而且大多时候，当投资者理解到某个题材会被炒作的时候，这类个股大多已经大幅上涨，风险很大。虽然投资题材股会使赚钱的速度很快，但是也会使亏损的速度很快，需要投资者有极强的能力和过硬的心理素质，不适合大多数普通投资者。因为有大风险，甚至需要很长时间才能把高位被套的钱赚回来，所以这类股票不符合追求稳定收益的理念。投资者需要关注突发事件对某个行业、个股的大利好，比如新冠疫情对医疗相关行业的利好，新政策对芯片、新能源汽车、光伏、风电等行业的扶持，或者那些正在发展初期，往后还会持续发展壮大的市场，比如人工智能、物联网、数字经济、新兴能源等会切实影响人类发展的行业。可以说，这些类型的题材股是成长股之前的形态，虽未真正实现市场化盈利，但后市可期。即有利润大幅增长可能的行业或者个股，但又不完全属于成长股和周期股的那类个股，可以归类为题材股。

以上三类选股的核心都是追求业绩的大幅增长，这三类也是牛股集中地，里面有涨幅最多的个股，是个股趋势投资策略最适合的类型。

第四类：处于经济和股市大繁荣时的股票

股市和经济大周期会影响所有个股的走势，此处主要关注的是大牛市的启动。一是关注证券股的量能和走势，历史上的每一次大牛市都是证券第一波上涨的，也只有这种时候才有足够的资金拉动这些大市值的证券股大涨。二是资本市场资金很充足，也就是整体资金宽裕，利率下行、货币政策宽松（允许更高杠杆，比如2015年的杠杆牛市、货币“大放水”，2020年以后这波全球性的大反弹上涨，源自各主要经济体的“大放水”）、人民币升值、外资大幅流入等情况才会发生，因为市场整体的估值在正常情况下都不会波动很大，只有场外持续的大资金流入才会推动股市上涨。

第四章

财务知识和估值方法

前文讲到的几种选股类型都是追求业绩增长的，所以投资者需要了解一些比较重要的财务知识。周期股和题材股可以不需要追求太好的财务报表，只需等机会来临，业绩就能反转，而学好基本知识，至少也可避免因财务造假、持续亏损等严重的问题而退市的公司，特别是注册制来临，大批新股出现，也意味着那些亏损或者财务造假的公司会大量退市。而成长股不同，大多数成长股因为处于行业扩张期，其财务报表都是比较好的，盈利能力较好，可以通过财务报表把那些不太好的公司剔除选择范围。同时还有估值问题，不过在笔者的理论中估值并不是核心。

个股趋势投资策略有三大要素，第一是趋势，即要顺从个股的趋势，存在即合理，顺势而为；第二是业绩增速，即要有好的业绩增长预期；第三是估值，投资者不一定要刻意追求低估值，但是要远离高估值的风险。在高估值的情况下，假如增速不是特别高，意味着这只个股未来一段时间的上涨幅度会比较有限。

第一节　重要的财务知识

一、净利润

企业最重要的数据之一就是净利润，它反映了企业创造的价值，也是我们投资股票最看重的因素。预期净利润的多少在很大程度上会影响股价的表现，这也是我们追求高净利润高增长的原因。净利润的计算公式是：

净利润=营业利润–企业所得税

其中不同企业的企业所得税不同，就上市公司来说，一般企业的基本税率为25%，国家重点扶持的高新技术企业减按15%的税率征税。营业利润的计算公式是：

营业利润=营业总收入–营业总成本+公允价值变动+投资收益

公允价值变动是市场需求变化，对商品价值的重新评估导致商品前后公允价值发生变动从而造成的损益。这一数据在交易性金融资产、投资性房地产中常使用。比如航空企业经常会购买大量的原油套期保值合约。原油期货市场在2008年下半年大幅下降，而东方航空因为持有大量原油套期保值合约，其合约公允价值大幅下降64亿元，导致其2008年年报有接近140亿元的巨额亏损，公允价值损失接近46%。

投资收益不一样，公允价值变动是账面上的变动，指该项投资还没有处置。如东方航空只是在合约上的账面上有所损失，而投资收益是确认的资产，只有把合约处置了，这项套期保值的合约才会产生投资收益，反映在利润表上的损益就是投资收益。

这两类损益同样会表现在净利润上，这类利润属于非经常性损益，不是日常的经营利润，因此财务指标里有一个扣非净利润，就是扣除这些非经常性损益后的利润，这个指标才是企业真正盈利能力的表现。比如深康佳A在2017年的净利润达到50.87亿元，其中投资收益就有65.88亿元，而扣非净利润只有–9728.49万元，也就是说它的主营业务是亏损的。而深康佳A在2017年的投资收益是转让股权产生的投资收益，这类收益不可能一直存在，唯一能让企业一直成长的只有主营业务利润的不断增长。因此我们在分析股票价值时应该看扣非净利润同比增长率，而不是仅看净利润同比增长率。当然在大多数情况下净利润和扣非净利润相差不大，只是有些个股会出现这种情况。

从成长性来说，负的扣非净利润增长率说明这家企业陷入衰退或者经营情况恶化；个位数的扣非净利润增长率说明这家企业的扩张比较缓慢，但仍然保持较好的盈利情况；保持10%～20%的扣非净利润增长率说明这家企业有不错的成长性，但是不处于高速增长的时期；持续保持超过20%的扣非净利润增长率说明这家企业有很优秀的成长性。利用这个指标可以轻松地筛选出那些持续成长的好企业。扣非净利润增长率是选成长股的重要指标，但是不适合用在强周期股上，因为周期股的业绩波动大，可能同比增长几十倍，但又可能从盈利到巨亏，只能根据周期景气度来预测业绩的好坏变化。大多数成长型企业扩张速度会比较快，而且在成长过程中它的营收增长率和扣非净利润增长率是保持同时增长的。

但也有特例，比如亚马逊用“烧钱”的方式来抢占不同行业的市场占有率，它的营收一直飞速增长，可是它连续亏损20年，当它因找不到更好的投资项目而减少投资活动时，它的扣非净利润增长率就快速增长了，可是它的成长性降下来了。即它将赚的钱用在了更大的扩张上，所以支出大，导致账目亏损，但是它投的项目后面给它带来了回报。如果不懂这种类型的个股也不用担心，因为这种类型的个股很少，只有很被看好才能一直融资扩张，比如百济神州连续几年亏损百亿元，但是它的投入有产出，营收在增长，而且处于国内创新药的龙头地位，绝大多数企业拿不到这样持续的融资资金来扩张。

我们经常可以看到有许多股票的利润增长率达100%以上，这并不代表它就拥有很好的成长性。假设一家有100亿元资产的企业上一年的净利润只有1000万元 ，而今年的净利润有1亿元，它的利润增长率是900%，可是它的利润还不如100亿元存进银行的定期利息高，因此，不但要看利润的增速还要看相对值，即净利润要占净资产的10%以上才有参考价值。

小结

净利润是一个相对简单的、大家都能看到的结果，是比较适合普通投资者的。更深的理论就是现金流量等相关知识，但是本书立足点不是估值，而是趋势，因此就不对估值加以介绍了。

二、营业总收入

营业总收入是指企业在销售商品、提供劳务等其他经营生产业务过程中形成的经济利益总流入，按照最新的会计准则，营业总收入的计算公式是：

营业总收入=营业收入+利息收入+已赚保费+手续费及佣金收入

营业收入是从事主营业务所取得的收入，是企业最主要的收入来源，也是判断一家企业发展情况的一个重要指标。利息收入是指企业将现金提供给他人使用（不包括权益性投资），或他人占用本企业资金取得的收入。一些优秀的企业如格力电器、贵州茅台等，因为经营活动获得大量的现金，它们可以把现金提供给他人使用，得到大量利息。而大多数普通的企业因为盈利水平有限，现金流紧缺，往往没有利息收入。另外像银行、证券等金融性行业，其主要的营业收入就是利息收入、手续费及佣金收入，这些行业的企业的利息收入、佣金收入等占比会很高。

成长股的一个明显特征是营业总收入持续增长，一家成长的企业必然是持续扩张的，那么营业总收入也是持续增长的，如果营业收入不再增长，就说明市场达到了一定的饱度和或者企业本身遇到了增长的瓶颈，也就算不上是成长股了。

一般而言，营业总收入同比增长率（营收增长率）能够持续保持每年15%以上的企业就已经很优秀了，营业总收入同比增长率在个位数说明市场相对饱和或企业遇到增长瓶颈，增长率为负则说明整体市场萎缩或者企业自身竞争力不足。当然，这只是一种快速判断的方法，用于节省筛选股票的时间，具体情况还是需要根据行业的数据来判断，如根据行业整体销售额增长率、企业自身营收增长率、企业市场占有率来确定是哪一种情况。一个很好的行业里也会有部分企业的利润水平比较差，一个比较饱和的市场里也可能有企业因某一个优势而逐渐抢占市场份额、不断提高营收和利润。还有一种情况也能推测出行业有变差的可能，就是营业总收入增长，但是净利润没有增长，说明产品毛利率下降比较严重。在大多数情况下，成长股的营业总收入和净利润都是在增长的，增速可能有高低，但结果都是增长的，因此可以重点关注这两项数据的变化。

三、货币资金

货币资金是指企业拥有的以货币形式存在的资产，包括现金、银行存款和其他货币资金。货币资金是企业最活跃的资金，流动性强，是企业的重要支付手段和流通手段。货币资金与现金流量表的现金和现金等价物不一样，部分货币资金有使用限制，而且存款一般超过3个月就不属于现金和现金等价物。

格力电器2018年年报货币资金与现金及现金等价物的调节科目情况如表4–1所示。从表4–1可以看到资金货币减去限制使用的资金和不属于现金及现金等价物范畴的定期存款才属于现金及现金等价物。有充足的现金是一家优秀企业的重要特点，只是不同规模的企业现金量不同，要将现金和企业资产进行对比。一般来说，最简单的就是该企业的货币资金至少要大于短期借款，这样才能保证最基本的日常经营。当然这里的真实货币资金还要看其他占比较大的科目（财务报表里低于资产1%的科目一般不用去细看），原因是企业可能把一部分资金用于理财或者其他结构性的存款，比如美的集团、上汽集团的其他流动资产科目就有几百亿元。

表4-1　格力电器2018年年报货币资金与现金及现金等价物的调节科目情况

科目	本期金额/元	上期金额/元
货币资金	113079030368.11	99610976256.82
减：使用受到限制的存款	6005776370.05	11555319700.43
其中：法定存款准备金	3045424177.23	2940965476.85
票据、信用证等保证金	2960352192.82	8614354223.58
减：不属于现金及现金等价物范畴的定期存款	78301133173.72	66696040332.45
加：其他现金等价物	—	—
期末现金及现金等价物余额	28772120824.34	21359616223.94

也有许多货币资金比短期借款少的企业，一部分是因为企业经营不好，另一部分是由企业所在行业特性决定。经营不好或下游经销商产品不好销售的企业，应收账款数额大，需要现金经营而产生短期借款。对财务报表进行评估时需结合企业各自的情况进行分析，基本的原则就是对占比较大的科目进行确认比较，得出一个基本的评估。如化工、煤炭、钢铁、航空等固定资产占比高的行业，在行业周期差的时候，基本是货币资金比短期借款少，而且常常伴有较大额的长期借款、应付债券，整体的资产负债率很高，因为固定资产的高占比，所以固定资产折旧数额很大，也就决定了这类企业的利润波动很大，周期性很强。投资者只能在繁荣周期到来之前预判，再决定是否选择这类股票。当然在周

期性行业中也有部分抓住了机会快速成长的企业，如化工行业的万华化学，业绩和股价近几年都涨了几倍。

当货币资金比短期借款、长期借款、应付债券三者之和多时，说明企业的运营情况很好，有很好的现金流，不会有经营上的风险，只需关注其业绩就行了。这种有充足现金的企业一般会有一个特点——企业利润表上的财务费用是负的。企业拥有充足的现金往往不需要借款太多，利息支出较少，而且会把资金存定期或者投资其他能有稳定收益的理财产品以获得较高的利息收入，所以整体的财务费用是负的。比如格力电器、美的集团，它们的利息收入一年都有几十亿元。这从侧面说明了一个问题，它们的主业发展可能到达了一个瓶颈，市场占有率很高，很难再扩张；企业盈利很好，产生很多经营现金流，但是用投资来扩大营收和利润的地方很少。如格力电器开始投向手机、汽车等其他行业；美的集团花近300亿元收购库卡，想借此创造更大的利润。而每个行业都有各自的优势龙头，中途加入的想脱颖而出显然是比较困难的，需要很好的机遇才能成功。

正因为货币资金是企业正常经营的重要前提，所以一些经营困难的企业会在这一个环节造假。货币资金作为时点数，企业很容易在审计前把资金拆进，来粉饰货币资金的真实情况。我们可以通过三种方法来辨别企业是否有虚增货币资金的嫌疑。

（1）大股东股权质押比例较大或者大股东大额减持。大股东是最了解公司实际经营状况的人，如果他通过股权质押或者直接减持来套现大量资金，那么，即使公司账面上的货币资金很多，这些货币资金中有部分可能并不是真实的，实际上是受限货币资金。要了解能用的货币资金有多少，一般来说要看受限货币资金的用途，如果受限货币资金被大股东或者关联方占用，或者为大股东或关联方提供贷款质押、担保，那么真正能用的货币资金就不多，这时就需要注意资金流动性的问题，警惕企业做假账。另外当大股东或关联方大量套现离场时，很可能是他知道企业的实际发展不好，趁机离场。如乐视网的大股东贾跃亭通过减持股票套现100多亿元，而且他的绝大部分股份都处于质押状态，最终乐视网巨额亏损，股价暴跌。

（2）存贷双高，货币资金和贷款都很多。正常来说，融资成本明显比资金的存款收入高，存贷双高是不合逻辑的。但个别行业如金融、贸易、房地产类等大多会存在存贷双高的情况，也就是说在分析存贷双高的情况时，还要在相同行业内作比较。假如行业内只有该企业存在存贷双高的情况就需要警惕它存在财务作假的可能。如康美药业财务造假300亿元，就是典型的存贷双高案例。在2017年未更正的财务报表中，康美药业的货币资金达341亿元，但是其贷款非常多，短期借款、一年内到期的流动负债、长期负债、应付债券四项贷款加起来近225亿元，存在很大的问题。像普通人一样，企业不可能借来一大笔钱放着而给银行利息。后来经过调查，在修正后的财务报表里，其货币资金只有42亿元。

（3）通过利息收入除去平均货币资金估算企业收益水平，当企业收益水平小于活期存款利率时，就需要警惕企业是否财务作假了。

并不是企业的货币资金多就证明企业的财务状况是良好的，还要将其和其他有息负债进行对比，即要看负债率，而不能单纯看货币资金的绝对值。比如大企业的货币资金都要比小企业的多，但这并不代表大企业的财务风险比小企业的低，因为大企业的负债也更高。不同行业的负债率是不一样的，需要根据相同行业的负债率来确定企业的财务风险大小，把那些负债率高于行业内绝大多数企业的个股从股票池中剔除出来，而现金充足，贷款较少，同时负债率低、利润好为成长股的加分项，相同行业下，优先选择具有这些加分项的个股。

四、应收票据及应收账款

应收票据和应收账款科目是财务报表中非常重要的科目，能帮助投资者避开大多数财务造假或者发展不好的上市公司。应收账款是指企业在销售商品等业务中，应向购买单位收取的款项，即企业在确认了商品已经销售的情况下，没有收到的钱都可以确认为应收账款。而应收票据是由购买方向卖方公司签发的到期无条件付款的书面凭证。在会计准则下，商品销售后即可确认利润，也就是说，哪怕收不到钱，企业也可以把它放在应收账款会计科目里，算入利润，因此应收账款也成了造假较多的科目之一，是投资者需要关注的一个财务数据。

一般而言，一些企业会通过主公司的关联公司来造假。如大股东建立壳公司，然后把商品销售给壳公司，获得销售凭证，确认为应收账款，以虚增利润。另外有一些企业的应收票据或者应收账款数额占营业收入比例较大，很可能是产品销量不好，经销商滞销而导致回款困难或者因话语权不足而被下游的大企业延迟付款。如果是产品销售不好导致经销商延迟支付货款就需要警惕了，未来这家企业的业绩很可能会下跌。如果是下游企业话语权过于强大导致收款期变长，则不必过于担心。如苹果、格力电器、美的集团、上汽集团等许多大公司本身就拥有很好的信用级别和很大的订单需求量，处于供应链的中小企业会去抢做供应商的机会，而很多时候大公司的付款周期比较长，相关联的上游企业的应收账款和应收票据就会比较多。

第二种情况说明企业拥有了长期稳定的客户，但业绩过分依赖前几个大客户的订单，产品议价能力较弱，在这样的情况下，企业的业绩会受主要客户的经营销售情况影响而波动。如歌尔股份，第一大客户和第二大客户的销售额约占其营业收入的一半，假如大客户砍单，歌尔股份的业绩就会大幅下降。

过多的应收账款和应收票据会占据企业很多资金，部分经营比较差的企业还必须通过借款来保证日常的经营活动，大量的借款产生的利息将使利润大幅减少，从而业绩波动很大，应该尽量远离这类企业的股票。那么如何判断一家企业的应收账款和应收票据是否合理从而决定是否买入该企业的股票呢？笔者会用一种简单的方式来判断应收账款及应收票据是否合理。

如A公司出了第三季报，应收账款及应收票据为50亿元，第三季度的营业收入为100亿元，它的应收账款及应收票据占当季度营收的50%（这里粗略估计，因为有的应收账款实际上已经拖欠很长时间了，随时会变成坏账），那么它当前的欠款周期就是一个半月（三个月×50%），即卖出的产品平均要等一个半月后才能收到货款。欠款周期是越短越好的，绝大多数公司的欠款周期都在两个月以内，这是比较安全的欠款周期；而欠款周期超过两个月并小于三个月的，我们就需要研究应收账款和应收票据比例高的原因；欠款周期超过三个月的，我们就需要特别小心了，除了前面提到的主要客户是大公司的情况之外，其他情况下的应收账款及应收票据很可能有部分收不回来或者很难收回，也有做假账的可能，要尽早将这类企业的股票从股票池剔除出来。

应收账款及应收票据一旦开始增多而营业收入同比减少，欠款周期开始变长时，投资者就需要警惕企业的经营情况了，这说明产品开始不好卖了，许多企业可能开始走下坡路。不同行业的欠款周期会因为经营模式不同而差别较大，如做高速公路收费的企业欠款周期很短，因为大多数营业收入都是来自即时收费的。总而言之，在同一行业里，欠款周期越短越好，也越有话语权。如贵州茅台，应收账款及应收票据占营业收入的比例极低，原因是产品占有绝对的主导权，别说要欠款拿货了，基本上要预付款才能拿货，这些产品的优势是从欠款周期长短就能看出来的细节。

企业越有主导权，就越能压其他企业的货款，延后付款，同时越有能力要求下游经销商先给钱才给货，从而拥有非常充足的现金，还能存到银行而获得利息；相反，企业没有主导权，货款被延后支付，购买原材料又要先给钱，导致资金链非常紧张，如果资金不足就需要贷款，而贷款又要支付利息。两家企业这样一对比，哪一家的利润更好，显而易见。

五、金融资产和其他流动资产

金融资产和其他流动资产是企业变现能力非常强的资产，而且许多公司的资产负债表里这两个科目的占比较大。按照最新修订的金融工具准则，金融资产分为以摊余成本计量的金融资产、以公允价值计量且其变动计入其他综合收益的金融资产、以公允价值计量且其变动计入当期损益的金融资产三类。除了金融类企业外，一般企业中，以公允价值计量且其变动计入当期损益的金融资产这一类占比较多，其他的两类占比很少。而以公允价值计量且其变动计入当期损益的金融资产科目里一般是债券投资、股票投资、基金投资等。

假如一家企业的资金比较充足而有息负债比较少，剩余比较多的钱用于购买理财产品，说明这家企业的经营风险比较小，同时也说明企业用于扩大生产的资金很少，主业扩张有限，成长速度较低，因为处于快速成长的企业显然会把钱用于扩张生产，而不是用于理财。那些毛利率很高、固定资产占比低的企业是例外，因为它们只需要把利润的一小部分用于扩大生产就可以得到很好的业绩增长，用多余的现金购买理财产品以增值，这类企业的股票属于优质的股票。如恒瑞医药，毛利率接近90%，固定资产占净资产的15%左右，盈利能力很强，在保证足够多的资金用作日常经营后，有多余的钱就用来买理财产品了。需要注意的是，理财产品有保本的固收类投资和不保本的权益类投资（股票或者股票型基金），如果企业购买过多权益类投资，则未来的利润波动也会增大。

其他流动资产是指除货币资金、应收票据、应收账款、其他应收款、存货等流动资产以外的流动资产。如果企业遇到不好归类到常用的流动资产科目的资产，可以自行设立科目，放在其他流动资产项。比较常见的其他流动资产有待抵扣增值税进项税金、结构性存款、预缴企业所得税、应收保理款、发放的贷款、一年内到期的理财产品等。其中数额较大的一般有结构性存款、一年内到期的理财产品、发放的贷款、应收保理款。许多好的企业会有大额的结构性存款，因为期限长一点的存款利息会高很多。

美的集团股份2019年半年报资产负债表的其他流动资产科目情况见表4–2。表4–2显示美的集团期末有约716亿元的结构性存款及掉期存款，这些都是很优质的流动资产，不但不会减值，反而会有较高的利息收入。像权益类的理财产品、发放贷款和应收保理款，都有减值的可能，比较难判断理财和贷款是否会减值，而应收保理款一般都会减值，需要根据账龄计提坏账。保理就是销售公司把销售产生的应收账款转让给保理商，由保理商向其提供资金融通、账款催收等金融服务。而这里的保理商就会产生相应的应收保理款，保理商的应收保理款和普通公司的应收账款很相似，不一定能收回来。

表4–2　美的集团2019年半年报资产负债表的其他流动资产科目情况

科目	期末数/千元	期初数/千元
理财产品	—	1521007
结构性存款及掉期存款	71649301	70402509
待抵扣增值税进项税	2011769	2803315

续表

科目	期末数/千元	期初数/千元
待摊费用	753915	647648
其他	1049806	1099348
合计	75464791	76473827

一般而言，对于风险度低的保理业务，保险商是竞争不过银行的，只能去抢占那些高风险的保理业务，但那就会面临应收保理款可能收不回来的风险。银行能自己拉存款和贷款，而商业保理公司自有的资金有限，最终只能通过再保理从银行借钱，成本自然就高，长此以往也会受到银行的挤压，而逐渐消亡。1998年台湾的保理公司非常多，在1999年银行开放保理业务后，大多因竞争不过银行而收起保理业务，所以笔者不看好商业保理业务的前景。而在A股中也有很多涉及商业保理业务的上市公司，如果它的保理业务占比较大就需要注意风险了。

易见股份2019年半年报资产负债表的其他流动资产科目情况见表4-3。从表4-3中可以看到易见股份一年内期限的应收保理款期末余额高达127.91亿元，而它2019年半年报的净资产却只有81.94亿元，可见其经营风险是很大的，应该尽量避免选择这种公司的股票。2020年，易见股份还没有爆雷，2023年，易见股份就退市了。可见财务报表里的哪个科目占比重就要详细分析缘由。

表4-3　易见股份2019年半年报资产负债表的其他流动资产科目情况

科目	期末余额/元	期初余额/元
待抵扣增值税	4677152.50	4284991.41
理财产品	100000000.00	100000000.00
供应链代付款项	19679521.33	478709470.54
一年内期限的应收保理款	12791498040.20	11394110999.51

续表

科目	期末余额/元	期初余额/元
合计	12915854714.03	11977105461.46

六、存货

流动资产里还有一个很重要的科目就是存货。存货是指企业在日常经营活动中持有的准备出售的商品、生产过程中的半成品、生产过程中耗用的材料等。作为流动资产中占比较大的科目之一，存货能帮助投资者判断是否买入该个股。可主要研究第二产业的存货，像制造业、建筑业、采矿业等，这些行业的存货占比一般都比较大。金融业、教育业等许多服务性行业则不存在存货这个概念或者其占比很低，这些行业就不用关注企业的存货情况，而要研究企业的固定资产情况。存货作为制造业中占比较大的科目，假如企业的存货太大必然会造成企业日常经营资金的紧张，企业的经营效率就会变低，整体盈利能力就会降低。还有一部分更新换代较快的科技产品会因为存货量大，存货的周转时间长而减值。存货的量太大也很可能是因为企业的产品销量很差，卖不出去，而大多数企业开始亏损的前兆就是存货量大且逐渐增加。存货的多少也可以用类似应收账款的欠款周期的方法来衡量。

例如A公司出了最新的第三季度财报，单季度的营业收入是150亿元，期末的存货量是50亿元，那么存货的销售周期是30天[90天×（50÷150）]，可以简单地理解为企业在不开工的情况下存货要卖30天才能卖完（实际上有的存货不是成品或者是卖不出的成品）。生产周期短的行业，企业存货的销售周期一般在一个月左右，大多在一个半月以内；存货的销售周期超过一个半月的就需要考虑是什么原因引起的了；存货的销售周期超过三个月，就需要特别注意这家企业可能有经营困难的风险。

另外，有些商品的销售具有季度性，比如空调在第二季度和第三季度的销量更好，存货量一般较低。而产品生产周期长的行业，存货的销售周期就会相对更长，像贵州茅台、五粮液这类白酒企业的存货销售周期大多超过三个月，因为好的白酒生产周期都是很长的。房地产行业的建设周期长，所以存货销售周期也很长，几年都是很正常的。

因此在分析存货时，要根据不同行业的实际情况来分析，最好对同行业规模前几的企业的存货销售周期进行比较，一旦大幅度高于行业的存货水平，那就需要注意企业有存货造假的可能。

因为盘点的复杂性，存货也是造假比较多的科目之一。业务简单、规模小的企业存货造假难度大，规模大、有多处存货地点且难以清算的企业存货则很容易造假而且难以识别。最经典的案例就是獐子岛的扇贝又“跑了”，而且已经好几回，存货说没就没了，重点就在于难以准确地核查扇贝的存货数量。因此对于这类存货难以盘点清楚的企业，投资者需要留一个心眼，这类企业存货很容易造假。上市公司存货造假一般是为了好的业绩或者防止连续亏损退市。存货造假最简单的方法就是把本应该计算到营业成本的项目放到存货里，从而少计提成本，提升毛利率和利润。这样做的结果往往是存货的增速一直大于营业收入的增速，正常来说，企业的存货占营业收入的比例应当是相对比较稳定、波动比较小的。

假设近几年一家企业营业收入的平均增速在20%左右，而存货的平均增速在30%左右，那么这家企业的存货就很可疑了。正常来说，销售越好，库存比例会越小，即使企业生产规模扩大，库存增加，存货占营业收入的比例仍会保持稳定，而不是存货占营收的比例一直增大或存货销售周期一直变长。当然有的涨价类型所造成的营业收入大幅增长，存货增速可能会比营业收入增速大，如资源类企业，钢铁、煤炭、化工这些行业产品价格大幅上涨，它的存货价值也会大幅上升，存货增速有可能大于营收的增速。

另外，需要关注毛利率的提升是因为销售价格提高还是原材料成本下降，毕竟一家企业生产过程中的各项成本都是相对比较稳定的，假如产品销售价格和原材料成本价格变化不大，但存货大幅增加，那么企业很可能是虚增存货了。假设A公司去年生产且销售了10万件产品，总成本200万元，其中固定成本100万元，可变成本100万元，单件成本20元，出厂价格30元，那么毛利率是33%。而今年A公司为了美化利润，加大生产，生产了20万件产品，总成本300万元，其中固定成本100万元，可变成本200万元，那么单件成本是15元。A公司今年只销售了10万件产品，每件售价仍是30元，那么今年的毛利率是50%，但存货多了10万件产品。看起来A公司的利润提高了，可是实际上的营业收入却没有提高，只是把固定成本分摊到存货里。然而大量的存货会增加储存成本、减值，甚至可能因为产品过期或过时而卖不出去，这种虚假的利润增长显然不会长久。因此投资者需要警惕那些存货销售周期持续变长，同时销售价格和原材料价格稳定而毛利率大幅提升的企业。

七、固定资产和在建工程

固定资产是指企业使用期限超过一年的房屋、机械、建筑物、运输工具以及其他与生产、经营有关的设备、工具等。固定资产的价值一般比较大，使用期限长，而且在使用过程中会因为有损耗而存在折旧，变现能力比较差。固定资产在制造行业中占资产的比例非常高，而固定资产占比过高，企业的现金流自然会比较紧张，又因为折旧和建设周期长的原因，在行业景气时，企业利润暴涨，而在行业萧条时，企业利润小甚至亏损。像金融行业、互联网行业等不是以生产制造为主的行业，固定资产占比很低，一般不需要研究固定资产科目。低固定资产占比的行业在经营上更加稳健，而高固定资产的行业会受经济周期影响而风险较大，由此可以把企业分为轻资产和重资产两种类型。

轻资产重资产是相对而言的，笔者认为更重要的是企业固定资产的盈利能力，这可以用固定资产利润率来衡量。固定资产利润率的计算公式是:

固定资产利润率=利润总额÷固定资产平均余额×100%

假设A公司去年利润为80亿元，期初固定资产为90亿元，期末固定资产为110亿元，那么固定资产平均余额为100亿元[（90+110）÷2]，那么A公司去年的固定资产利润率为80%（80÷100×100%）。如果期初和期末的固定资产相差不大，可以直接用当年的利润除以期末的固定资产大致算出固定资产利润率。固定资产利润率越高越好，A公司每1元的固定资产在一年内能创造0.8元的利润，盈利能力属于非常优秀。这个指标能很真实地反映企业所在行业固定资产的盈利能力，能把那些权益净利率（ROE）看起来很高，而实际上经营杠杆很高、毛利率比较差的企业的股票筛选出股票池外。

比如航空业，固定资产占资产比例非常高，而且很多时候航空公司需要大额举债购买飞机，每年的固定资产折旧非常多，即使行业景气，固定资产利润率也只有10%左右，行业不景气就基本陷入亏损的情况。钢铁行业、煤炭行业的情况类似。所以这些固定资产占比高、固定资产利润率比较低的行业盈利都不稳定，估值都会偏低。这主要和行业有关，资本密集型产业的技术装备多、投资量大、资金周转慢，投资见效也慢，所以固定资产占比很高、固定资产利润率比较低；而劳动密集型产业的固定资产少很多，固定资产利润率也比较高。那么该如何识别固定资产盈利能力强的企业呢?

根据笔者的经验，固定资产利润率在35%以上的企业属于固定资产盈利能力比较强的企业（如生产制造类企业），而且拥有较高固定资产利润率的企业在扩张时更快速，财务更加稳定安全。因此在选择成长股时，尽可能地把固定资产利润率低于35%的企业的股票筛选出股票池外，但部分足够便宜的、固定资产利润率在25%以上的股票，也可以作为短期的投资标的。

在建工程是指企业正在建设的尚未竣工并投入使用的建设项目。投资者在关注在建工程科目的时候需要注意两点，第一点是在建工程的建设周期，第二点是在建工程的目的和规模。新的建设项目都有一定的建设周期，如果在建工程长期挂账未能完工，则可能存在一定问题，可能是完工后长期挂账在建工程，减少折旧，虚增利润，也可能是资金不足或行业萧条等其他原因导致建设停止。关注在建工程的目的和规模，可以帮助投资者了解这个企业目前的发展动向。在建工程的情况在财务报表后面的注释中可以看到，比如某年产100万吨乙烯项目，投资预算是多少钱，工程进度等情况。

一般情况下，大项目都会有具体的投资预算、预计产能等信息，投资者可以通过这些信息来估算这家企业未来项目建成后的营业收入规模、利润水平等，从而估算这家企业的业绩。成长型企业往往会持续有较大比例的在建工程和较快增长的固定资产，而那些不是飞速发展的公司的在建工程占比很小而且固定资产增加幅度很小。在建工程科目也可帮助投资者把那些想要圈钱的新股剔除出股票池外。

正常来说，企业上市的目的是融资扩张，假如一家企业在上市获得了一大笔融资之后的几个季度内，在建工程占比依然很低，而且固定资产没怎么增长，就说明这家企业上市的目的并不是扩张，很可能是圈钱。

企业都需要建设厂房、购买固定资产，而这些东西的价格一般很高，同时难以定价，因此在财务造假案例中固定资产造假比较多且更难被发现。企业虚增利润，账面资产增多，那么企业可以虚构或虚增固定资产项目，然后通过折旧消化掉虚增的资产或者资产减值一次性解决之前虚增的固定资产。且不说一般投资者难以发现其中的问题，即使是审计师也很难辨别出来。我们可以用一些简单的方法来把那些有固定资产造假嫌疑的股票剔除出去。

方法一：分析单位投资成本是否过高。

除了企业新增的产能建设所在区域地价等成本差异因素以外，单位投资成本远高于同行业新增产能的单位投资成本。假设A公司所在的锂行业年产1万吨氢氧化锂的生产线项目投资成本平均约为10亿元，而A公司新建设年产2.5万吨氢氧化锂的生产线项目，预计投资40亿元，平均每1万吨氢氧化锂的生产线项目投资16亿元，比行业平均项目投资成本高60%，那么A公司就很可能有虚增固定资产的嫌疑。至于高多少才算是有虚增嫌疑，看投资者自己的标准，笔者认为超过行业平均水平的30%就需要警惕了，越高越可疑（具体还要根据行业的实际情况来分析，因为不同区域的投资成本差别还是很大的）。

方法二：分析是否存在不符合逻辑的新增产能项目。

一般来说，行业前景良好，产品供不应求或者有技术更新，企业才会投资新的生产线，而一家企业在行业发展前景不好或者竞争激烈导致难以通过扩张提高利润的情况下，依然投入较大资金去开发新的产能项目，这种行为就很可疑。其中的一种可能是企业战略激进，一味地扩张，这种情况自然也是风险比较大的，一旦行业不景气，企业就会遭受巨大损失；另一种可能就是企业为了虚增固定资产，把虚增的利润转移到固定资产中。

方法三：分析是否在建工程长时间挂账未转固定资产或者在建工程转固定资产后长时间未见产能释放。

界定是否存在在建工程长期挂账比较难，笔者一般以在建工程时间已经超过项目原本计划建设周期的50%为界限。不管是哪种原因导致的在建工程长期挂账都是有问题的，第一种是虚增了利润，把企业的盈利能力高估了；第二种是闲置了资产，实质上资产是减值的。而在建工程已经转固定资产，却迟迟未见企业产能提升，那么该固定资产投资很可能是虚假投资。在实际操作中，假如A公司上一季报的在建工程已经转为固定资产，那么在新季报中投资者只需要关注营业收入就可以了。

一般来说，营业收入都会有增长，如果营业收入没增长或者负增长，那么就需要注意了，一种可能是前面提到的固定资产投资是虚假投资，另一种可能是行业不景气，产能上来了但销售价格下去了或者产品因需求不足卖不出去。很显然这两种可能都释放出企业发展不好的信息，虚增固定资产损害的是投资者，而行业不景气会对刚投入新生产线的企业造成巨大的负担，获得盈利会更难。这可以用固定资产原值周转率指标来判断。固定资产原值周转率的计算公式是：

固定资产原值周转率=营业收入÷平均固定资产原值

固定资产原值周转率表示每1元的固定资产原值创造了多少营业收入。固定资产原值是固定资产未折旧之时的价值，而固定资产净值是固定资产原值减去折旧后的净额。

不用固定资产净值周转率而使用固定资产原值周转率是有原因的。假设同样是原值10万元的一款车，A公司和B公司的年运输收入同样是80万元，A公司的车用了好几年，折旧后净值为4万元，而B公司的车刚用了一年，折旧后净值为8万元，如果按照固定资产净值周转率来计算，那么A公司是20，B公司是10，A公司的固定资产周转率是B公司的2倍，事实上，A公司和B公司是用同一款车创造同样的价值，效率相同，显然这个指标会因为折旧程度不同而失去意义，因此笔者选择固定资产原值周转率来作为指标判断。

一般来说，同一家企业的固定资产原值周转率是比较稳定的，不会有太大的波动。如格力电器2019年的营业收入是2005亿元，期初固定资产原值是306亿元，期末固定资产原值是343亿元，那么它的平均固定资产原值为325亿元[（306+344）÷2]，固定资产原值周转率为6.17（2005÷325）。格力电器2001年的营业收入是65.88亿元，平均固定资产原值是8.26亿元，固定资产原值周转率为7.98（65.88÷8.26），即使十多年过去了，格力电器的固定资产原值周转率变化还没到20%。

固定资产原值周转率变高，那么说明企业的固定资产利用率变高，经营情况变好。固定资产原值周转率变低，则说明企业的固定资产利用率变低，经营情况变差，一是可能企业所在行业前景不好，竞争激烈；二是可能企业自身存在问题，比如产品竞争力差、管理问题、虚增固定资产、部分企业因新转增的固定资产刚投产不久而产能未完全释放等问题。

影响固定资产原值周转率的原因有很多，细究要花很多的时间，如果企业的固定资产原值周转率变化较低我们可以不用过分关注，如果在一年内企业的固定资产原值周转率减少超过10%或者三年内固定资产原值周转率减少超过15%就需要细究是什么让企业的经营情况变差，当然这些问题同样也会反映在营收、利润等数据上，可以从不同的角度来分析企业经营状况发生变化的原因。

八、长期股权投资和商誉

长期股权投资是指通过投资取得被投资单位的股份，通常是长期持有的，目的是对被投资单位实施控制或者施加重大影响，从而达到改善和巩固贸易关系等目的。举个例子，A公司是生产空调的，经常要从生产压缩机的B公司购进压缩机作为零件，而B公司需要给好几家公司供货，在压缩机供不应求时，B公司会先供货给其他出价高的公司，从而A公司的生产会受到影响。因此A公司通过收购B公司60%的股份控制B公司，保证自己的压缩机供应，同时也能稳定压缩机进货的价格，减少整体的生产成本，获得更多的利润。而要想实现长期股权投资是有前提的，并不是收购了其他公司的股份就是长期股权投资。

一般而言，持股比例低于20%的股权投资按可供出售金融资产入账，而持股比例高于20%的股权投资都属于长期股权投资。其中，持股比例为20%～50%的，属于重大影响的类型，投资方拥有对企业的财务和经营政策参与决策的权力，但不决定这些政策；持股50%的，属于共同控制的类型，需要由持股的双方或者多方共同决定某项经济活动的财务和经营政策；持股超过50%的，属于控制的类型，有权决定企业的财务和经营政策，被投资单位为本企业的子公司。

需要注意的是，一般情况下可以简单地通过持股比例来区分长期股权投资的三种类型，但是实际上因为协议、股权结构等因素，部分企业不一定按照这样的持股比例来确认实际控制权，也会有其他持股不到50%或者更少的投资方也控制了企业的情况。也就是说实质性更重要，只要确认是重大影响、共同控制、控制三种类型之一的股权投资都属于长期股权投资，而不属于这三种类型的股权投资则属于可供出售金融资产。作为股票投资者需要关注长期股权投资到底值不值那个价。那么就需要理解长期股权投资的两种核算方法：成本法和权益法。简单来说，属于重大影响和共同控制的长期股权投资要用权益法核算，属于控制的长期股权投资则用成本法核算。控制类型的长期股权投资在用成本法核算时，投资的成本高于收购单位的可辨认净资产公允价值份额的差额确认为商誉。

商誉是指投资购买超过公允价值的那部分。如A公司用10亿元购买B公司60%的股权，而B公司的净资产公允价值是5亿元，那么商誉为7亿元（10−5×60%），也就是说A公司购买的B公司的股权实际上只值3亿元，而多出的7亿元是B公司认为它未来的盈利能力会很好，所以要卖贵一点，而A公司也看好未来B公司能有很好的盈利，所以愿意多花7亿元来购买B公司的股权，这就是商誉。

需要注意的是，只有并购类才有商誉，控制类型就是属于控股并购，而重大影响和共同控制不属于并购。但是重大影响和共同控制也会有类似于商誉的情况，花费超过投资单位公允价值份额的投资成本去收购长期股权，投资者可以将其理解为商誉。

无论是长期股权投资科目，还是商誉科目，都蕴含了被投资单位未来业绩的估值。一旦被投资单位的业绩不及预期，就会发生长期股权投资减值或者商誉减值，造成投资企业业绩的大幅亏损。如天齐锂业在2018年完成对智利矿业化工（SQM）的股权收购后，整体的长期股权投资是304亿元，后来因为受到锂产品价格下跌、SQM项目延期、宏观环境等不确定性因素的影响，对SQM长期股权投资计提减值约53亿元，导致其2019年期末的长期股权投资减少为251亿元，利润为−59.83亿元。又如万达电影2019年计提商誉减值55.75亿元，亏损47.29亿元。所以占比过高的长期股权投资和商誉具有双面性，投对了会带来很好的持续收益，而投错了则带来巨大的损失，是一个风险比较大的赌博行为，需要投资者自己去斟酌。如天齐锂业就压中了锂电池的前景，收购SQM后收获颇丰，同时这也是把双刃剑，天齐锂业是通过大额的长期借款来收购的，2018年天齐锂业财报里的长期借款达到253亿元，比2017年的长期借款多了近240亿元。假如不是锂电池而是其他更高效的材料成为主流或者新能源汽车发展没有这么迅速，天齐锂业会因为非常高的杠杆风险和利息费用而寸步难行。总之，很多大额的收购，也需要基于投资者对行业的充分认知和判断。

投资者对那些长期股权投资占总资产比例超过10%或商誉占总资产比例超过10%的企业应该要留心，提防长期股权投资和商誉减值的风险，其中商誉减值的情况在股市中很常见。投资者还需要注意，如果没有足够的判断能力，要远离那些没有足够现金流、通过大量举债来并购的企业，这些企业可能会债台高筑，一旦被并购的企业并没有预期的盈利能力，对举债企业来说可能是毁灭性的，很容易走向破产边缘，并不是每一次豪赌都会赢的。

笔者认为一般的投资者应远离拥有高占比的长期股权投资和商誉的公司，主要是因为普通投资者根本无法知道其中有没有造假。如A公司收购B公司100%的股份，控制B公司，B公司的报价是40亿元，A公司愿意购买，但是B公司需要和A公司私底下签订协议，在明面上A公司支付100亿元给B公司，B公司私底下把多出的60亿元通过其他方式返给A公司的大股东。也就是说，实际控制A公司的大股东，完全可以通过收购股份的方法把属于公司的钱放到自己的口袋里，掏空A公司资产，而A公司只需简单地做一次长期股权投资减值或者商誉减值，把多付的钱给抹平，最终亏损的只有普通的股民。所以对于有高占比的长期股权投资和商誉的企业投资者需要特别留心，要深入分析这会给自己带来什么样的影响。

第二节　基本的估值方法

虽然本书的核心是趋势投资策略，旨在顺势而为，不追求绝对的价值和估值，但对个股还是要有一个大概的估值范围，即不能购买那些估值过高的个股。这类个股即使有上涨的空间也非常有限，预期收益很低。相反，一些估值比较合理或者偏低的成长股或者周期股，在有业绩增长预期的情况下，会有更大的上涨空间。

本节讲的是一些比较简单的估值方法，一是笔者没有纯价值投资的理念，二是能力有限。关于价值投资的著作有很多，可是真要学习运用，大多数人是做不到的，因为越是深入，越是发觉寻找价值和估值之困难，达不到标准的价值投资只会带来错误的价值认识，从而买错股，导致长线持有的大额亏损。

往更深层次说，强如巴菲特也不能准确地估值，只能估计一个大概的范围，而市场给出的答案可能比他的估值低很多或者高很多，从而他有时也会被套很长时间或者过早卖出，因为市场本质上是人的情绪在主导，所以极端情绪下有可能出现超出正常认知的估值，更别说普通的投资者了。普通投资者可以把价值和估值当作一个辅助，而不是第一要素，先选出业绩有大幅增长预期的个股，然后根据估值来选其中那些相对低估值的个股，最后根据个股趋势投资策略操作。接下来介绍几个简单的估值指标和用法。

一、市盈率

市盈率是最常用来评估股价是否合理的指标之一，计算公式是：

市盈率=每股股价÷每股收益=股票总市值÷当年度净利润

市盈率可以简单地理解为在当前的盈利能力不变的情况下，把每年的净利润全部用来分红，需要分红多少年才可以把买股票的钱收回来。如一家上市公司的股票总市值是100亿元，当年净利润为20亿元，市盈率为5，我们购买了10万元该公司的股票，该公司每年的利润全部用来分红，假设该公司保持当前的盈利能力，那么在持有该公司股票的情况下，每年都全额分红，只要5年就能把投资的10万元赚回来了，还持有股票。如果用分红的钱继续买这只股票的话，而个股保持市盈率不变，那么平均每年收益率可以达20%（分红的钱继续买入这个股票，等待下一年分红后再买入）。这种极端情况可以简单地理解为投资收益率约等于市盈率的倒数。

实际生活中，分红比例不可能达100%，要尽量远离那些有超高市盈率的股票。投资者也不能单一地使用市盈率这个指标。如一只股票的净资产为100亿元，有息负债为300亿元，基本没有流动资金，很有可能会破产退市，因而市场给了很低的估值，总市值只有10亿元，如果该企业因出售资产获得了10亿元的净利润，那么它市盈率就是1，也就是说其一年的净利润就等于总市值了，而这个净利润是不可能分红的，因为它出售资产的目的是还债，又因为高负债，这家企业随时面临倒闭、退市。在成熟的港股市场、美股市场就有很多这样的股票，投资者要理解市盈率只是一个筛选股票的指标，在筛选完股票后还是需要通过财务报表来了解企业的真实经营情况。

市盈率分为静态市盈率和动态市盈率。静态市盈率的计算公式是：

静态市盈率=股票总市值÷去年净利润

动态市盈率是以当期的净利润来测算的这一年的净利润，算出来的结果是这一年末的预测利润的市盈率，是一个动态指标。仅从定义来看，同一家上市公司肯定是市盈率越低越好，可是当股票足够多，未来成长性不一样的时候，就不能一概而论了。

许多重资产和周期性的股票，因为未来的利润不确定，不适合用市盈率来估值。如煤炭、钢铁、化工等行业在利润高的时候，很多个股市盈率在5倍以下，从估值来看的确很便宜，但不能依据市盈率买周期股。这种周期性行业一般都是有息负债率比较高的行业，也就是说在行业形势好的时候，获得的利润需要用来偿还部分债务，而到了行业形势差的时候，就需要大量贷款来保持公司正常的运行或者扩张。

如山煤国际，它的短期借款从2007年的7000万元涨到了2015年187.88亿元，在这期间它的短期借款每一年都在增长，当然这并不全是因为亏损而大量贷款，扩张也是需要很多资金的。这类周期股的特点是固定资产比例特别高，也就是扩张时需要大量贷款投入固定资产来形成产能。到了2014年，行业形势差，山煤国际亏损达17.24亿元，2015年亏损达到了峰值，为23.80亿元。随着供给侧结构性改革的不断推进，山煤国际去杠杆、去产能，慢慢开始获得盈利，逐渐把借的钱还了，短期借款从2015年的187.88亿元减少到了2021年的24.28亿元，每一年都在减少。

从整体上看，山煤国际是有盈利的，但是获得的利润大多数投入了固定资产，而没有太多自由的货币资金。周期股的特性大多如此，随着周期周而复始，市场不会用市盈率来估算周期股的价值，而是用市净率。

市盈率估值方法适合那些有息负债不高、现金充足且利润稳定的成长股和蓝筹股[①]，即利润稳定且不是高负债的企业才可以用市盈率来估值。在判断市盈率是多少才合理时，需要把不同类型的个股根据业绩增速区分开，即成熟企业和成长企业的估值是不一样的。成熟企业所属的行业已经相对饱和，业绩增速有限，能给人的想象空间很小，从而估值比较低。如家电行业，格力电器、美的集团、海尔智家、海信家电等业绩比较好的大型家电企业，市盈率在10倍左右，随着市场估值的波动而上下震荡，行情差的时候市盈率可能为6倍、7倍，而估值好的时候市盈率有可能达到20倍，这种类型的估值大概都是在这个范围内波动，属于比较合理的估值范围。

它们的缺点是市场已经饱和，即使有增长点也是提高市场占有率，可以看得到的已经接近上限了。在这种确定性很强的情况下，基本上各种信息预期都是明牌，股民或者基金对手之间的博弈空间不大，这类个股的估值就比较低。它们的优点是业绩非常好，每年都有较高的分红，而高分红就是吸引大资金长期持有的重要因素之一。

① 蓝筹股是指那些长期稳定盈利的、大型的、传统工业股或金融股。

假如这种股太贵，如某股的市盈率是40多倍，之前是10倍，市盈率高出很多但分红的资金只有原来的四分之一，在低增长的预期下，没有人愿意接手，此时不如去买市盈率是40多倍的成长股。这类蓝筹股的优点就是低估值高分红。贵州茅台2023年的市盈率为40倍，但是扣非净利润平均年增速只有15%左右，如果贵州茅台能持续保证20%以上的扣非净利润增速，还勉强能匹配40倍的市盈率，但即使是20%的增速，对于40倍的市盈率来说，贵州茅台的上涨空间也已经非常有限了。即使是20%的增速，40倍市盈率的贵州茅台也是偏贵的。这里假设贵州茅台5年内还能保持平均20%的增速，那么5年后的业绩是现在的2.5倍左右，假设保持市值不变，那么5年后它的市盈率是16倍，如果市值能增长100%，那么它的市盈率在32倍左右，此时对于一只成长性不是太高的个股来说，32倍的市盈率还是偏高的，更何况只有100%的上涨，相对于真正的高成长股而言，收益预期还是比不上的。这种情况下，贵州茅台相对于其他高成长股来说，就没有那么大的上涨潜力，因此购买性价比也就没那么高了。

相对应的，存在即合理，因为贵州茅台的高毛利和高利润，在经济前景不明朗的时候，它的确定性和安全性也就更高了，从而起到防守的作用，是大资金的避风港；相反在经济增速快的时候，其他行业会有更高的利润增速和更高的股价涨幅，这时资金就会偏向于进攻，高成长股是更好的选择。股市的市场偏好会随时期不同而变动，但是资金必然会往收益尽可能大的方向走，最终使股票市场估值逐渐走向均衡，相同类型的个股估值都会比较接近，这也是市场的一种价值回归。

还有很多成熟、现金流好的个股，比如中国移动、中国电信、中国联通三大移动通信商，从2022年到2023年的涨幅都近100%了，而它们的估值也从2022年的10倍左右的市盈率，上涨到了2023年的20倍左右。也就是说研究估值可以发现个股的潜在收益预期，即低估值的个股会有更大的上涨空间，从而被市场青睐；而高估值的个股因为太贵而没有足够的上涨空间，就会被市场舍弃。即使一只股票很赚钱、现金流很好，但是在这种估值下，仍有其他更好的选择。这也是市场的一种价值回归，相同类型的个股的估值都会比较接近。

同一家公司在A股会比在港股贵，是因为A股的资金比港股的资金多，而且流动性更强，因为钱更多，A股的估值被推高。成熟、现金流好的企业市盈率在10倍左右是比较合理的，这是对于A股而言的，而港股往往会便宜三成或者更多。那类高负债的而利润很好的个股的估值就需要折半了，如很多的银行股、基建股的估值都为5倍左右市盈率，原因在于高负债，银行负债率高是由于杠杆，大多负债率达90%，储户的钱需要给利息，银行放出去的贷款要收利息。假如经济很差或者发生经济危机，银行就有很高的坏账风险，可能收不回来贷款，就会导致还不起储户的钱而破产。即使银行账面上赚了很多钱，一旦出现这种极端情况，高杠杆仍会导致资不抵债。在高杠杆风险下，投资者就需要对银行股的估值打折扣。同样的基建股的负债率也很高，在70%以上。

基建项目需要很大的资金投入，需要向银行贷款，因为其项目周期长、变现能力差、极度依靠融资的属性使得它的风险比较高，业绩增速也有限，不具备爆发性。在这种情况下，与同样拥有10倍市盈率的基建股和家电这类负债率低、现金流好、利润高的企业相比，投资者还会买基建股吗？因而需要打折扣，这样才会有资金愿意买入。所以这类高负债的成熟企业，即便账面上很赚钱，估值也会低很多，在A股这类个股大多围绕5倍左右市盈率波动，低的市盈率达到3倍左右，高的市盈率达到10倍左右。

需要注意的是，并不是低估值的个股一定会涨，高估值的个股就不会涨，只不过是低估值的个股上涨空间更大或者概率更大，这最终取决于市场的大资金。如2022年之前基建股的估值很低，2023年之后，经济增速放缓，基建刺激经济的预期扩大，基建股在风口上涨了一波。又如电信三大运营商中的中国联通近几年基本没有上涨过，自中国移动和中国电信在A股上市后，电信三大运营商在2023年才一起上涨了，中国移动和中国电信前几年在港股都没有这种上涨行情。简而言之，大资金也需要赚钱，只有这些股能容得下这些几百亿元的大资金，所谓风水轮流转，每一次资金追逐的行业可能都在变化，前几年是白酒、芯片，后几年可能是电信、基建、银行，说明市场热点随时会变化，估值并不是唯一标准，不能“死磕”这种价值理念，需要理解股票市场终究是人的市场，是人的情绪而不是估值在驱动股票涨跌。

成长股的市盈率一般会高很多，像互联网、医药、芯片等行业个股的市盈率在20倍到30倍左右或者更高，部分有成长能力的、利润增长很快的公司，其市盈率甚至可以达到50倍或60倍。因为有较高的成长性，这类股的市盈率会在几年内很快变低。假设一家上市公司的市盈率为30倍，市场空间广阔，公司有竞争优势，当年净利润为1亿元，市值30亿元，市场预计该公司能以30%的利润增长率和营业收入增长率持续增长5年，5年后该行业的产品已经相对饱和，利润和营业收入不再高速增长，那么在股价不变的情况下5年后这只股票的市盈率是多少呢？该公司5年后的净利润为3.71亿元[$(1+30\%)^5\times1$]，那么5年后的市盈率为8.09（30÷3.71）。由此可见，市盈率是一个动态的指标，随着行业的景气程度变化很大，这样就可以理解为什么市场上依然会有这么多高市盈率的股票，即限制个股上涨的不是估值，而是成长能力。从经济发展的速度来说，不同时期对成长股市盈率的判断是不同的。

我国股市从1991年以来，经历过多次牛市、熊市，各次成因有差异，总体趋势是受经济快速发展影响的。从1991年到2011年我国年均GDP增速达10.4%左右，经济高速增长时，很多成长性股票的市盈率达到40倍或50倍，那时行业空间巨大，大多普通企业可以获得丰厚的利润，所以整体估值也偏高。自2012年以来，我国年均GDP增速回落到7%左右，经济增长速度放缓，许多行业达到饱和，未来业绩增速就会下降，股票市场的整体估值也会慢慢地降低。在大多数行业发展渐趋成熟的情况下，成长股出现的比例就会比以往低很多。

各个成长股的情况都不同，必须依据它们的成长性来估算相应的市盈率。那么这时就有一个简单又有效的方法，就是用PEG指标，即市盈率相对盈利增长比率，它是由上市公司的市盈率除以盈利增长速度（比率）得到的数值。PEG的计算公式是：

PEG=市盈率÷盈利增长比率

如某上市公司的市盈率是50倍，利润增速是40%，那么PEG为1.25（50÷40），简单理解就是市盈率除以增速。

这种方法最先由英国投资大师史莱特提出，后由美国投资大师彼得·林奇发扬光大，是估值成长股很好的技术指标。简单而言，当PEG大于1时，这只股票的价值被高估，当PEG小于1时，这只股票的价值被低估。需要注意的是PEG一定要用在成长股上，而且平均增速必须超过20%，且盈利增速至少是3年的平均增速。

我们可以估算一下，看这个方法是否合理。假设某个股的市盈率是30倍，未来3年的平均净利润增速达30%，在个股市值不变的情况下，3年后的市盈率为13.65[30÷（1.3×1.3×1.3）]。假设某个股的市盈率是100倍，未来3年的平均净利润增速达100%，在个股市值不变的情况下，3年后的市盈率为12.5[100÷（2×2×2）]。

可见这种方法算出的估值和成熟企业10倍左右的估值差不多。有的投资者可能会有疑问，这只股需要在3年后才有可能有和成熟企业估值一样，是不是就没有潜在收益了呢？答案是否定的，假如这只成长股的利润增速持续增长超过3年，那么那些超出预期的增长就是买入这只股3年时间的回报，如果达不到预期这个投资就是亏的。如某只股最后以30%

的平均利润增速持续增长了6年，那么超出预期3年的利润增速会使个股上涨很多，这就是回报。

以网宿科技为例，网宿科技净利润从2012年的1.04亿元增长到了2016年的12.50亿元，4年业绩增长11倍多，净利润复合年增长率达86%，而其市值也从2012年的20亿元涨到2016年最高市值600亿元，上涨近30倍，其相对应的估值也从2012年末的20多倍的市盈率涨到了2016年最高的50多倍的市盈率。可以看到估值整体在上涨，股价的上涨比业绩的上涨多，但PEG一直小于1。2017年网宿科技业绩回落到8亿元左右，2018年保持在8亿元的水平，业绩减幅30%左右，但市值较2016年的高位折去60%多。股价的下跌速度也要比业绩下跌的速度快。网宿科技的估值也从高位的50多倍的市盈率下降到了20多倍的市盈率。这也是大多数成长股估值变化的过程，简单解释就是戴维斯双击和戴维斯双杀。

戴维斯双击是指在市盈率低的时候买入成长股，待其成长潜力显现后以高市盈率卖出，获得利润增长和估值增长的乘数效应（市值=净利润×市盈率）。戴维斯双杀是指上市公司股票利润下降和估值下降，因乘数效应而股价暴跌。

还是以网宿科技为例，2012年在20倍左右的低市盈率时买入网宿科技，随着业绩的爆发和业绩的增长，市值暴涨。因为它的高利润增速，市场开始联想它的成长性，给予它更高的估值，网宿科技的市盈率最高涨到了50多倍，是原来的2.5倍，而2016年的利润是2012年的近12倍，在业绩增长和估值上升的双重影响下，市值是原来的30倍，这就是戴维斯双击，业绩和估值的双重上涨。这种成长股也按个股趋势投资策略进行操作。到了2017年第一季度，网宿科技净利润负增长，已经不再符合成长股的原则，就把它剔除出成长股股票池，不再买入。而从2016年末开始的两年大跌，一直到2018年10月的最低点，估值从原来的50多倍的市盈率下降到20多倍，市盈率只在2016年达到高点为40%左右，业绩也大幅下跌，2018年的业绩只有2016年的66%左右，市值甚至没有达到原来最高点的三分之一，即业绩增速下跌或者为负时，由于预期变差，市场就给予这只股更低的估值，同时网宿科技的业绩负增长，在这样的业绩、估值都下降的双重影响下，股价就出现了大跌，这就是戴维斯双杀。戴维斯双击和戴维斯双杀是大多数成长股估值、市值变化的过程。可见，估值也很重要，过高的估值会让投资者接下来的收益预期变低，甚至会出现负的收益预期，而低估值可以让投资者的收益有更大的空间，同样有更高的安全边际。

这并不是普遍情况，因为市场上没有这么多好的机会，即投资者要提前在低估值的时候买入未来会高成长的个股。预测未来业绩高增长需要投资者有很强的投资能力。一般而言，投资者的确很容易看到有些行业或者个股未来几年业绩高增长的预期，同时这类个股当时的业绩增长也是非常高的，这是可以看到的，相对应的，这类个股的估值自然也会比较高，即预期越明了的，每个人都能看得到这只个股的预期，那么你就很难以比其他投资者更便宜的价格买入；而别人看不到这只个股的预期，你却看得到，那么你就拥有比后来者更便宜的股价的买入机会，获得更多的收益。还有那些大明星成长股的估值一般都是即时反馈的，如它的业绩增速目前在40%左右，那么它的估值会围绕40倍左右的市盈率波动，而当市场发现它所在行业衰退时（如每个月的销量下降、价格下降等），当期它会相应地下跌；所在行业繁荣时，各类数据表现良好，那么当期它也会相应地上涨，无须等到财务报表出现就已经顺着市场的实际情况而同时波动了。

在网宿科技这个例子中，我们可以看到从2012年到2016年它的PEG都低于1，而它的利润平均增速却达到了86%，那为什么市盈率没有达到90倍以上呢？这里就需要理解一个概念——净资产收益率（ROE）。网宿科技在2012年利润增长了89.59%，2013年净利润同比增长128.55%，这是因为存在基数。2011年网宿科技的业绩一般，它所展现出来的高增长是因为之前的基数低。如一家市值100亿元的公司，利润从1000万元增长到了10亿元，利润增长近10000%，那么它就是一家非常优秀的公司吗？显然不是，10倍市盈率的个股很多，这种高增长的根源是低基数。净资产收益率的计算公式为：

净资产收益率=净利润÷净资产×100%

假设你有总资产10万元，借款4万元，那么你的净资产是6万元，对于上市公司来说，净资产也是这样的概念。比如某家企业的净资产收益率是20%左右，它的净资产是100亿元，那么第一年的利润是20亿元，第二年的净资产变为120亿元，利润为24亿元，以20%净资产收益率增长10年，那么10年后它的净资产就是619亿元，那时它的利润是123.8亿元。平均的净资产收益率才是这家企业长期的利润平均增长速度，即最终的平均增速是会在平均净资产收益率附近的。可以看一下那几年网宿科技的净资产收益率，最高在2015年，为40%左右，而市场也相对理性，没有给予过高的估值，害怕没有持续性。网宿科技2016年的真实净资产收益率并没有20%左右这么低，下降了一些的原因是它发行股票筹资了30多亿元。

净资产收益率有两种计算方法，第一种是加权平均净资产收益率，计算公式是：

加权平均净资产收益率=报告期净利润÷平均净资产×100%

投资者可以在财务报告最后几页看到这个数据，包含净利润的加权净资产收益率和扣非净利润的加权净资产收益率。当企业的非经常性损益占净利润的比例较小时，投资者可以用这个指标来分析企业未来的盈利能力，但当非经常性损益占净利润的比例较大（比例超过10%）时，投资者只能用扣非净利润的加权净资产收益率来确定企业未来利用自有资金的持续盈利能力。

大多数新股上市的净资产收益率（后文的净资产收益率皆指加权净资产收益率）高于20%，一方面是因为本身规模不大，在当地有熟悉的市场环境，管理难度不大，而且在产品的市场空间上存在成长空间；另一方面是部分上市公司为了达到上市目的，会有粉饰财务，把利润做高的做法，假如投资者看到财务数据良好的新股，一定要静下心来，静静等待接下来几年该企业的财务数据以及市场情况。因为企业上市发行股票，筹集到的现金会增大企业的净资产，从而会稀释净资产收益率，假如企业不能好好利用资金来进行扩大生产，提高净资产收益率，那么该上市公司的未来成长性就不会太好。

净资产收益率强调的是经营期间净资产赚取利润的结果，是一个动态的指标，是以报告期内的平均净资产为分母的。但是新股上市的第一年或是上市公司增发股票时不适用加权平均净资产收益率，因为股票发行或者增发股票（已上市的公司发行股票）会筹集到较多的现金，按照加权平均净资产收益率来算的话，算出的净资产收益率会虚高。在这种情况下，一般都以全面摊薄净资产收益率为指标来判断下一年的净资产收益率，这是第二种净资产收益率计算方法，计算公式是：

全面摊薄净资产收益率=报告期净利润÷期末净资产×100%

全面摊薄净资产收益率以期末的净资产来计算，强调了年末状况，是一个静态指标，当新股发行时或者增发股票时用它能有效地评估企业下一年的盈利能力；加权平均净资产收益率强调的是在经营期间净资产的盈利能力，当企业不是发行新股或者增发股票的时候，用它来评估企业下一年的盈利能力会更准确。

净资产收益率反映了股东的投资能收到多少利润，因而越高越好。像钢铁这种类型的个股的净资产收益率很低，大多数时候低于10%，股价涨幅很有限，而那些持续高净资产收益率的个股如腾讯控股、贵州茅台、格力电器、恒瑞医药，都是以超过20%的净资产收益率持续增长了近10年，股价涨幅也都在一百倍以上。股市长线的成长股价值投资是非常看重ROE的，它的高低一定程度上反映了长期的平均收益率。而这里就会产生一个问题，资本是流动的，那么资本必然会流向那些ROE高的行业，从而因为竞争ROE下降到一定水平，最后各行各业的ROE都差不多。实际上，不同行业、相同行业的不同企业的ROE差别巨大呢，这是为什么？

高ROE的原因不同。

（1）高毛利、高净利润率。比如贵州茅台的高ROE是建立在高净利润率、高毛利的基础上的，这种是最好的保持高ROE的方式，净利润率高往往是因为有很高的行业壁垒，这种模式估值最高。

（2）高周转率模式，在净资产一定的情况下通过高周转率来提高ROE。比如沃尔玛，通过低利润率薄利多销，从而提高了存货的周转率，获得高ROE，这种模式估值次之。

（3）通过高杠杆获得高ROE。银行、保险、房地产的高ROE是建立在高杠杆之上的，但是总资产的收益率很低，因为杠杆风险也比较大，因此这种高ROE有相应的风险，是三种模式中最差的，估值最低。还有无形的资产，即我们所看到的净资产不代表这家企业的真实资产价值。比如白酒，且不说不同白酒工艺不一样，哪怕是同样工艺的白酒，贵州茅台也能卖出更高的价格，因为它有比其他白酒高更多的品牌价值。又比如微软、高通、英特尔这类科技企业，因为有专利和技术上的壁垒，其他资本想进入这个行业分一杯羹是非常困难的。这些企业具有某种竞争优势，实际上都是隐形的资产，没有在资产负债表上，但却又真实存在，比如技术、管理、成本、品牌、品质、文化等，而其最终反映在财务报表上就是高ROE。大多数真正的大成长股，它们的净资产收益率都是持续保持较高的水平，并且持续很长的时间。它们之所以能持续保持高净资产收益率，必定是因为它们有某种特别的优势。选择成长股必须得参考ROE。那么多少的ROE才算是优秀的呢？ROE低于10%的都是比较差的行业或者企业，ROE为10%～15%是一般的公司，ROE为15%～20%是较为优秀的公司，ROE持续为20%以上则是非常卓越的公司。

需要注意的是，这里的ROE指的是超过5年的平均ROE，且不是周期类个股的ROE，周期类个股受周期影响ROE波动很大；而另一类高杠杆类的高ROE也不算，因为这是高杠杆带来的，并不是真实的收益能力。随着经济发展到一定程度，行业大多饱和，再出现高ROE并持续5年以上增长的公司的可能性已经大大降低，可以说是微乎其微。如果有这类3年以上业绩高增长且ROE超过20%的企业已经是比较好的投资标的了，如腾讯、茅台、格力这些曾经的大成长股可遇不可求，表现到现实就是业绩能高增长几年的个股，估值大多会非常高，毕竟物以稀为贵。

市盈率作为一个重要的估值指标，是很有参考价值的，由此衍生出的各种估值指标也非常多，越深入了解，就越会发现估值的难度有多大。正是因为真正价值投资所需要的水平极高，所以普通投资者应该按照弱势者理论和方法来应对股票市场，先掌握个股趋势投资策略，然后是对业绩增长的分析，估值仅作为一个辅助思考的要素。

二、市净率

市净率（P/B）是相对于市盈率指标的一个补充指标。上面说的成长股或者持续稳定获得盈利的个股可以用市盈率来进行一定的估值，但是面对强周期股业绩大幅波动的情况，这类股票的市盈率好的时候很低，坏的时候就直接为几百倍或者为负了，市盈率并不适合用于估值。而市净率就很适合这类股票，因为绝大多数情况下净资产的波动不会有太大的幅度，所以能作为这类个股的估值参考。市净率的计算公式为：

市净率=股价÷每股净资产=总市值÷净资产

持续成长型个股往往是在某方面具有优势，有不在账面的隐形资产，所以成长股的市净率或者高利润有行业壁垒的个股市净率都在2倍以上，比如2023年3月的贵州茅台市净率在10倍左右，2023年3月的宁德时代市净率在6倍左右，因为有一定壁垒，其他资金难以通过资本进入这个行业获得这样的高利润。相反，资本密集型行业没有这种较高壁垒的存在，有资本就可以进入这个行业发展，从而其净资产往往代表其真实的资产水平，没有太多的隐形资产，市净率往往都很低。金融、房地产、基建、交通、机械、航运、钢铁、化工、石油、煤炭等基础行业、重工业等都属于典型的资本密集型行业，资产负债率都比较高，这些行业的股票市净率绝大多数在2倍以下，而且只有在行情很好，处于高估值的时候才会接近2倍，大多数情况下市净率在1倍左右。

不同行业之间的估值也有差异，高杠杆的个股市净率往往低于1倍，即常说的破净。跌破净资产的个股，比如银行股，其因为高杠杆、有巨亏可能市净率大多在0.5倍左右；房地产也因为高杠杆，在行情好的时候市净率会超过1倍，在行情不好的时候会破净，如2023年3月万科的市净率在0.8倍左右，较2021年的高位跌幅近一半。为什么高杠杆行业的净资产往往跌破净值1？这里举一个中国恒大的例子。

2020年中国恒大最高市值为4000亿元，到2021年末的时候中国恒大的市值只有200多亿元，95%的市值蒸发。这一切都是因为杠杆，中国恒大有着近2万亿元的负债，在房地产行业下行的情况下，资金链断裂。这类成熟的行业如银行、房地产、保险，看起来有稳定盈利，但是因为高杠杆，在经济环境差时，随时都有可能出现资不抵债的情况。

2023年3月，美国硅谷银行破产。除了这种金融属性很强的行业，再来看看那些常见强周期股的估值。如钢铁行业的杠杆没有金融行业、房地产行业高，但是因为固定资产占总资产比例很大，又需要大量资金来维持生产，折旧和利息支出会吞噬很多利润，在行情不好的时候，就容易亏钱，所以这些钢铁股的估值基本围绕市净率1左右波动。从行业的整体估值来看，低的时候市净率可能为0.6或0.7，高的时候市净率也会在1.5甚至2左右。大多数时候只能根据个股以往的估值来对比现在的估值是否处于较低的估值位置，市净率、市盈率的估值走势图可以在同花顺手机版找到，投资者可以参考一下以往的估值，处在历史低分位估值的时候更好，更有安全边际。比如投资者在宝钢股份市净率为0.7的时候买肯定比在宝钢股份市净率为1的时候买更安全，也有更多的赚钱机会。

周期股大多用市净率来衡量估值，而不用市盈率，上面说的周期股估值很低且其中破净大多是因为高负债，但是即使负债很低且目前业绩很好，市场也可能会因为未来业绩预期变差给予很低的估值。如中远海控，2023年2月中远海控的市净率在0.8左右，而它的业绩增长依然在持续，远未到航运低迷甚至亏损的时间节点，2022年第三季度的财报显示中远海控拥有的总货币资金达到了2973.38亿元，短期负债只有14.78亿元，其他的有息负债只有一年内到期的非流动负债296.11亿元和长期借款353.99亿元，可以说还清全部有息债务也还有2300亿元的高额现金，还未算接下来至少一两年时间不错的业绩带来的现金流。

对比来看，中远海控比上面那些高负债的个股的财务状况好得多，杠杆也低，业绩也比它们好，风险低，理应比上面那些更有投资价值，但是估值差距却不大，其原因更多是受到市场的预期影响。假设某周期股现在业绩很差，甚至亏损，也是破净的，但是它很可能估值处在很低位置，还会上涨。

如温氏股份在2021年亏损达到了134.04亿元，但是它在2021年末开始了翻倍上涨行情，估值不低，2021年第三季度它的市净率也在2倍左右。正是因为它业绩差，所以有转好的业绩预期，未来业绩极可能会大幅增长，这个因素使投资者保持乐观的情绪，从而股价开始了翻倍上涨行情。相反，中远海控这几年的业绩很好，可是它在2022年、2023年的时候业绩就已经到达了巅峰，以后很难有这样的赚钱机会了，因而业绩预期是向差的，市场情绪变得悲观。即使2022年中远海控的业绩比2021年更好，而且估值也不算高，但是股价相对于2021年的高点被“腰砍”一半。

从更深层次来说，温氏股份即使业绩再怎么变好，也很难有像中远海控这样获得高利润率的机会。从业绩的角度来分析，温氏股份的确没有中远海控好，估值也相对更高，但是它却大幅上涨了，而中远海控业绩确实好，估值也确实低，但是股价却被“腰砍”了，那些坚守这种价值投资观念的人亏损了不少。这就是笔者反复说的一个重点，股价的涨跌并不完全是由估值高低决定的，至少在中短期内，走势更多是由市场情绪引导的。这里所说的中短期跨度是很大的，相对于价值投资来说，3年以内都算得上是中短期了，也就是说真正的价值投资是一个比较长年限的投资，且不注重中短期的波动。

长线投资不适合普通投资者学习，主要原因是大多数人自身能力不足以判断合理的估值和选择值得投资的个股，从而导致成功率低，往往很多年时间过去了没收益不说，假如选错了个股做长线甚至很可能巨亏。而个股中短期的走势又因为和价值、估值不完全挂钩，从而发生上面的问题，估值、业绩都很好的个股一直下跌，估值、业绩不是很好的个股却依然在上涨，难以用一种明确的估值区间作为投资的依据，即估值很多时候是模糊的，依靠主观能力判断，那些能力不强的人会亏损严重。本书的出发点即用个股趋势投资策略，用相对客观的操作来帮助普通人克服能力不足的缺点，避免大损失，同时尊重市场的选择，能够在那些涨几倍的行情中，收获绝大部分的利润，避免因人的主观判断失误提前或过早离场，而不能获得大部分收益的情况。

本章总结

基本的财务知识可以让投资者从财务报表上分辨出企业的好与不好，从而大大地增加选到好股票的概率。特别是个别亏损或者存在财务造假的个股有退市可能，会给投资者带来巨大的损失，学习基本的财务知识能有效避免这种情况的发生。了解基本的财务知识，学习估值方法也是很有意义的，因为它能让我们找到那些更便宜的股票，以拥有更大的成长空间和安全边际，避免在高位接盘从而被套承担损失。

但是不管是运用市盈率、市净率还是其他估值方法，都存在一个问题，即同样的估值，买入的时机不一样，其中短期的结果差距是很巨大的。假设某煤炭股在市净率为0.7的时候，因为特殊原因，煤价大涨，未来业绩有持续大增的预期，所以在1倍的市净率的时候买入了这只股票。然后这只个股在几个月内股价上涨了3倍，利润大增而消化了部分估值，整体市净率在2倍左右，在这个从0.7的市净率到2的市净率的上涨过程中买入是赚钱的；在到达股价的顶峰后，随着业绩的持续大增，赚钱多了，净资产也多了，市净率下降，但是股价却没有涨。随着业绩开始衰退，股价也开始下跌，最后估值也从2的市净率跌到了0.7的市净率，这个下跌过程中在市净率为1到市净率为0.7的时候买入是亏钱的。即一个周期股业绩好的时候，股价开始上涨，估值开始上涨，业绩到顶会开始衰退，股价开始下跌，估值也可能会跌到上涨前后的区间范围，但股价相对于原来有上涨，股价上涨周期以一定估值买入是赚钱的，在股价下跌的时候以相同估值买入是亏钱的，也就是说以相同估值买入个股的时机不同，最终的收益差距很大。估值最终也是回归到趋势上，同估值买入，上涨趋势买才赚，下跌趋势买则亏。成长股也存在这样的问题，上涨周期市盈率一直上涨，当业绩到顶了，开始杀估值时，估值大幅下降，市盈率在跌，股价也大跌了。所以价值投资在看估值的同时，十分依赖投资者对未来业绩的预测，即现在看到的估值数值的意义不大，需要预测未来几年的业绩水平，而投资者的行业发展分析能力又千差万别，最终不同的主观判断能力会导致收益差距巨大，判断错误的可能会亏损严重。而个股趋势投资策略就是这种能力不足时的补充，不管是股价大涨还是股价大跌，必然会形成趋势。

普通投资者可以分步使用个股趋势投资策略。

第一步：寻找业绩有大幅增长潜力的个股放进股票池，将不符合业绩高增长的剔出股票池。

第二步：看财务报表和估值、成长性来综合排序，当触发条件时优先买入这类股，且可以在相对高的仓位，比如25%左右仓位买入，对于排序靠后的则以较低仓位，比如15%左右仓位买入。

第三步：根据个股趋势投资策略进行操作。

第四步：操作的时候严格按照仓位标准和杠杆标准来进行风控，严格按照定下的策略来执行。

第五章

科学严谨的策略

本章主要讲的是人性的弱点和面对这种弱点如何做出合理的策略。每一个投资者都会在股市投资中表现出不同程度的情绪波动，有一部分人能战胜这种主观情绪带来的负面影响，也有部分人无法承受情绪带来的巨大影响而做出错误的操作或者偏离自己定下的原则，做不到知行合一。在内心修行未够的情况下，投资者难以驾驭财富带给内心的冲击，人受欲望和恐惧的影响容易做出错误的选择。没有强大内心的投资者，必须制定合理的策略来面对各种突如其来的情况，通过一定的仓位控制和股票组合来降低不好情绪的发生概率。

第一节　人性的弱点

股市的入门门槛比较低的，任何人都有在这里凭借自己的实力获得丰厚财富的机会，但是门槛越低，想要成为其中的优秀者就越难。在股市里无论你是富翁还是平民，无论你是学富五车的教授还是平庸的普通人，一律平等，只要自身能力不足，就会亏钱，而只要能够成长到一定程度，就可以赚到钱，而且这种财富的变化速度是极快的，正确的投资可以让财富呈指数级增长，错误的投资可以让几百亿元瞬间亏完。想要在股市里赚到钱，第一点就是确定科学的投资方法，而第二点就是修炼内心，尽量克服人性的弱点，做到知行合一。

一、确定科学的投资方法

投资方法是多种多样的，有纯粹依靠技术的，有像巴菲特那种做长线的价值投资的，有注重成长股投资的，每一种方法都有自己的重点和领头人，普通投资者应该寻找适合自己的方式，而不是盲目地学习某个人的方法。大多数人的能力有限，在股市中通过不断试错去寻找适合自己的方法成本又太高，因为各人的感悟总结能力不一样，很多人学习某种方法往往半途而废。股市里7亏2平1赚，只有很少人是赚钱的，这个学费是绝大多数人交不起的。

股市是相当需要经验积累的地方，正如木桶效应，能装多少水最终取决于最短的那块木板，你最终亏钱的地方会是你未能了解到的那部分。股市是充满随机性的，即便当前的情形是历史上出现过的，有相近的走势、相近的事件、相近的估值等，接下来股票的涨跌也不一定相似。正是因为无法预料股票接下来的走势，所以新手很容易出现一种误区，即使用一种方法赚钱了以后，就认为那种方法是正确的，认为自己找到了投资之道。但事实上几次的赚钱只不过是偶然的，很可能经历过数次的亏损后就开始怀疑这种方法是错的，然后重新开始寻找其他的方法。周而复始，一次一次积累经验，而只有少部分人能够最终领悟到属于自己的方式方法，实现财富自由。投资者要多了解在这方面出众的人们的方法并且总结他们的经验，同时通过实践总结出一套适合自己的投资方法。如巴菲特的价值投资之道，投资者不一定能学会并成功实践他的估值方法，或者学到他的投资眼光，但可以学一些比较容易的，如怎样区分好股票和坏股票、怎样通过ROE把那些盈利能力优秀的公司找出来等。

投资者也可以学习技术流派，把大趋势的方法用在那些业绩好的个股上。还有一些能力不强的投资者可以使用个股趋势投资策略，同时结合成长股和周期股业绩增长的机会，选对一个就能获得大的收益。但各种方法对市场的本质看法不一定相同，如从纯粹价值投资的角度看，股价最终会回归其本身的真实价值，而这个周期太长。银行、基建、石油、化工、钢铁等股票，成长期会有较大的股价波动，但随着时间推移和行业饱和其估值最终会稳定在一个区间以内，不会有过大的波动。像垃圾股会炒作，最终也会是一地鸡毛，跌回原形，而时间可能是几年甚至十几年。

笔者的观点是存在即合理，股票市场波动的本质在于投资者情绪的变化引起资金的流动，所有的因素都集中表现在股价的走势上，最终逐渐形成一定的趋势。在个股趋势投资策略中，估值和价值只是影响情绪的重要因素之一，哪怕是垃圾股也可以在符合操作原则的时候进行买卖，适用的范围更大，特别是在投资者没有能力辨别股票好坏的情况下。个股趋势投资策略是从弱势者角度来思考的理论，和强势选股理论的受众人群完全不一样。

二、克服人性的弱点

买过股票的人都了解股价时刻波动所带来的心理情绪变化，下跌时心情低落，上涨时心情愉快，从而影响了自己的判断和操作。在股市里，人性的贪婪、恐惧等各种情绪会表露无遗。下面列举了不同的人性弱点。

贪婪情绪。对于很多短期持续大涨的个股，很多人即使知道风险很大，还是抑制不住贪婪的欲望，头脑发热，在看见天天大涨后，终于在高位买入，期望能赌其继续上涨。这种操作的风险很大，往往有大概率出现大亏损，因为上涨多，所以高位回调的也多，许多散户是忍受不住这种利益的诱惑的，高风险且收益也不确定，从而整体会亏损较多。这类人本来就是抱着赌一把的心态，希望一夜暴富，追涨停板，结果绝大部分人亏得很惨。一次或几次赌对了，他可能会陷入其中，认为自己很厉害或者方法用对了，从而难以收手。但其实运气占了很大的成分，绝大部分人没有这种觉悟，最终会因为赌错几次而很快亏光之前赚的那些快钱。

恐惧情绪。股票放量下跌几个百分点或者冲高回落，投资者就开始恐慌了。事实上股票整体还处于上涨趋势，没有破位。一些投资者因为恐惧下跌亏损，即使没有达到自己的卖出标准也选择卖出，后来股票继续上涨了，有一部分人还会追高买回来，从而成本变高。

焦虑情绪。产生焦虑情绪是因为陷入自我怀疑或者因为时间太长而受煎熬，而焦虑情绪是很影响操作的。比如投资者按照自己的原则选好股票之后，一直持有，但是它很久都没有上涨或者涨幅很少，而其他个股一直在上涨，于是投资者开始焦虑不安了，认为该个股还未到上涨的时间，但是不买其他热门股就会错失机会，于是开始加入追热点的队伍，而热点容易在高位下跌而被套，卖了的个股又开始大幅上涨了，然后心态彻底崩溃，控制不住自己的情绪，反复追涨杀跌，从而造成大额的亏损。还有一种焦虑是投资者按照自己理解的价值投资买卖股票，发现所买的股票开始阴跌或者一直不涨，几个月后认为自己可能判断错误，开始怀疑自己理解的价值投资是错误的，不符合市场价值取向，于是卖出，但是过了一段时间后该个股涨起来了，而自己已经投资其他个股，没有机会或者仓位买回该个股了。

为什么说长线价值投资难，一方面是由于方法复杂，另一方面是因为绝大多数人的心态达不到巴菲特持股的心境，又因为自己能力有限，自然而然地对自己的判断产生了怀疑，从而在这种怀疑的心态中反复挣扎，所以长线持股对价值的判断和心态的要求考验极高。

笔者曾经向朋友推荐了一只低估值的潜力股，因为他买得不多，而且这种低估值的个股下跌风险很低又很有前景，所以笔者让他长线持有。但是股票阴跌了一个多月后他就坐不住了，亏损了10%左右。笔者为了鼓励他继续持有，说如果持有一年以上，这只股亏损了的钱笔者补偿。过了几个月这只股涨了几倍，笔者再问，朋友说很早在亏几个点的时候卖了，问笔者还有没有这类低风险适合长线投资的个股。笔者便不再建议了，因为他的心态不适合这种股票。笔者想说的是并不是投资就一定赚钱，即使巴菲特私下和你讲长线投资这只股有很大概率会赚很多钱，很多人仍会半途而废。在这里心态很重要，“股神”给你选好了股，但是绝大多数人做不到长期持有，或者会怀疑，其中会出现很多的情绪变化，有的是因为其他的涨了，开始焦虑错失机会，有的是认为这只股可能涨不了，开始焦虑，直到忍不住了而放弃坚守。

侥幸心理。股市里会有各种可能，再完善的理论都是概率论，即大多数理论都是通过总结经验来提高成功率和收益率的，从而存在其他小概率的可能，而人会抱有对这种低概率可能性的侥幸心理。如某个股开盘突然接近跌停开票，而且已经跌破趋势线了，大概率后面会继续下跌。但是人的情绪是不理智的，即使知道会这样也不想承认，因为亏损太大了，所以他期望有一个反弹更高的价格再去卖出，结果很快就跌停封板了，卖不出了，而第二天继续大跌。还有的是跌停封板后，有大单连续买入，打开跌停板了，这时有的人又会幻想这只股可能是“妖股”，可能出现“地天板”，打算再观望一下，结果有机会卖出但是没卖，最终大单卖出封跌停板了，一直卖不出去了，然后第二天继续大跌，几天下来亏损严重。人是有侥幸心理的，看到大额亏损后，即便是跌破趋势线，而且有很大概率继续大跌，他仍会有一种这只股可能是一个特例的侥幸心理，从而阻碍了自己的合理操作，最终损失惨重。股市会有不同的个例，但是人应该按照大概率的事件来操作，而不能期望小概率的事情发生，即使发生了，那也是巧合，之后再发生这种情况就会让你亏损惨重。股市是追求大成功率的投资组合，而不能追求小概率事件。

逃避心理。遇到较大的亏损，心态就开始崩溃，开始逃避现实，这是最差的一种心态。所谓眼不见为净，耳不听为清，遇到大额亏损后不再看股票和账户，也不再思考，心里就只想等回本再卖，这类心态是不应该再买股票的，因为一遇到挫折就开始逃避，放弃思考，半途而废，失败很正常。股市是一个需要经历和积累经验的地方，不可能一蹴而就，任何人都会亏钱，没有累积经验到一定程度是难以成功的，所以有逃避心理的人不适合炒股。

贪小便宜。在股市上贪小便宜是人之常情，没有人不想多赚一点，但是持这种心态往往容易错过大牛股和被深套。比如有投资者喜欢做“T”，短期内高位卖出，并想在低位再接回来，可以大大增加收益率，这需要制定很好的策略和有好的盘感，同时要有过硬的心态。可以做“T”，但是要控制仓位，不要全仓做，因为高抛低吸的时候大多是股票有上涨才能做“T”，但是这种时候往往是上涨趋势已经开始，一旦它不跌回来，就很可能买不回来了，因为做“T”总得比卖的成本更低才能成功，所以一直上涨后就很难说服自己以更高的价格买回来，因此容易在牛股启动的前一段时间卖出，有眼前的利益，但是容易卖丢这只股。所以做“T”需要很多的经验和很好的盘感才能完成，有利有弊。另一种心态是买了一只股，即使趋势已经不好了，破位了，但是总想卖高一些钱而错过了最好的机会。在股市，该断则断，只按照自己制定的原则来做，只按概率大的事做，即使错了也无妨。比如2015年的股灾，可以说犹豫了一下没卖出股票，可能就有几个跌停等着你。还有更极端的情况就是总想着回本再卖，不舍得亏钱。在正常波动横盘的情况下你有机会回本再卖，但是如果你买的恰好是阶段高点，这种方法的结局就是被深套，甚至这只个股永远都没有机会回本，被套死。

自负与自卑。股市里面自信很重要，这样才能按照自己的原则买卖股票。股市作为一个投资市场，股票账户里的资金时刻在波动，会把各种情绪放大。有的人在连续赚钱后容易滋生一种自满的情绪，比如几次精准预测了股市大势，或者很快在股市上赚了几倍或者十几倍，就觉得自己已经很厉害了，甚至有些自负了。而自负的表现在于不按自己制定的原则做事，凭自己的主观判断进行操作，或者大胆抄底。

最自负的表现是开始利用高杠杆来炒股，认为自己驾驭得了资金和这个市场。有一部分人的确很有能力，最后惨败的结果大多是过于自负造成的，因为杠杆而在一次大失误中倾家荡产。这里举一个很著名的例子——投资天才比尔·黄的惨败。2021年，股市投资圈最大的新闻莫过于比尔·黄爆仓，200亿美元的财富瞬间蒸发，而他单日亏损150亿美元刷新了个人投资者单日亏损的最高纪录。最早在2001年的时候有大老板给比尔·黄投了2500万美元，同年他开始创建亚洲老虎基金，通过7年时间把管理的基金从0.25亿美元变成了50亿美元。2012年，比尔·黄选择自己单干，在短短7年多的时间把资产从2亿美元做到了50亿美元。从这里可以看到比尔·黄拥有高超的操盘能力，但是他从2021年初开始大举重仓中概股，并且大幅加杠杆，短短3个月资产从50亿美元涨到了150亿美元，而使用的杠杆在5倍左右，操盘规模达到了1000亿美元。随后在2021年3月份末在面临监管压力、政策变化等情况下，中概股开始暴跌，于是比尔·黄仅仅用了3天时间亏光了150亿美元，还欠下了巨额债务。可见，即便个人的能力再强，也不能过于自负，要敬畏市场，人不可能预料一切，凡事都应该留有后路，而不是迷信自己能够驾驭一切。自负的对立面是自卑，即使是有能力的人也会因为几次的失败而陷入一种消极情绪中。

股市投资是一个长时间的积累过程，不能仅以一时的亏损来看结果，要有持续长时间稳定的收益，才会因为年复一年的复利创造可观的财富，个别年份的亏损在股市大崩盘的情况下是正常存在的，投资股市不可能每一年都赚钱。在因特殊情况亏损较大的情况下，人会产生自卑的心理，容易认为自己没有能力炒股，从而开始听从别人的意见或者荐股而炒股，不再独立思考。在股市里，强者是通过一次次的失败总结自己的经验而成长起来的，而不是因为几次成功而成长的，所有的成长都源自痛苦和委屈。在投资界里最终成为投资大师的人，他们都是经历过许多失败的洗礼，经过无数次对人性的思考和对市场的深刻理解，才能变得无懈可击，所以要理性看待失败。

杠杆。之所以把杠杆作为一个重点列出来，是因为杠杆能无限地放大人性的弱点。杠杆就是借钱来投资。借钱有很多种方式，比如股票账户里的融资融券、向亲朋好友借钱等。

杠杆是一把双刃剑，有好有坏，在上涨趋势中适当的杠杆会让你收益颇丰，在大跌趋势中其很可能让你的资产消失殆尽。笔者不建议普通投资者使用杠杆，因为你有能力的话，资产会慢慢增长，会赚到很多钱，相反你能力不强的话，如果不借钱，你可能最多亏一大笔钱，但是没有负债，不会影响正常的生活。而杠杆不一样，杠杆会相应地放大你的欲望和恐惧，恰当的杠杆会让你赚到更多钱，那种瞬间获得更多收益的感觉会让你无法自拔，开始你可能只是0.2倍、0.3倍的正常融资杠杆比例（比如10万本金借2万就是0.2倍，借3万就是0.3倍），获得了更多的收益，但是当你尝到甜头的时候你能否依然保持理智？

人的心理是随时变化的，你一直都靠低杠杆赚钱，得到了不错的收益，突然有一天你的欲望膨胀了，认为自己能够驾驭杠杆，想要很快地赚很多钱，于是不断加大杠杆，1.5倍、2倍……而当你再借一部分钱来炒股的时候，很可能你离失败只需要2到3个跌停。杠杆非常依赖人的理性和心态，除非你能够控制自己的行为，不会冲动，也能够按照自己制定的很科学的策略来操作，使用低倍率的杠杆，比如低于0.3倍（即10万本金，最多融资不超过3万元），然后控制仓位上限，在你有能力的时候，资产会更快地增值。

股灾时期杠杆对人性的考验更大。在大跌的时候，高杠杆会把投资者的心态压垮，假设你整体杠杆率在4倍左右，本金有100万元，然后通过各种方式借了400万元，总共500万元全仓买入一个股票，然后因为突发事件，你的股票开盘就即将跌停，那你应不应该卖呢？如果卖了，你的本金亏损了接近50%；如果不卖，继续跌停一天，你将一无所有；再继续跌停一天，你将负债累累。

可以看到，在这种案例里，无论哪一种做法都改变不了巨额亏损的事实，一开始全仓高杠杆的时候就已经错了，无论你能力多强，曾经预测多准确，赚过多少钱，只要出现一次失败，你的资产就清零了。笔者早些年曾经尝试过高杠杆，在一个月左右的时间赚了20倍收益，然后赚的钱在一个星期内归零，显然这不是能力的问题，而是方法、策略从一开始就错了，所以科学的策略才是不败的根本。

第二节　科学的策略助人立于不败之地

如果说各种各样的方法是可以学得到的，那么人性的修炼是学不来的，这是炒股的难点之一，需要有足够的经历才能克服人性的各种弱点，但这样的成本太大。炒股另一个难点是人必定会有主观判断错误的时候，面对这些负面的影响，制定科学的策略才能助人立于不败之地，这也是本书的核心思想之一，尽量按照相对客观科学的投资原则来操作，以替代那些主观判断行为。选成长股，判断好的企业，判断经济周期、行业周期等，是不可避免地需要主观思考的，这些需要不断学习。而其他比如个股的买卖，使用个股趋势投资策略可以避免主观判断出错造成的大额亏损，而且将其用在成长股、周期股这类股价大幅波动的个股所获的收益远比长线持股的收益要高得多，同时大额亏损的概率也很低。人性弱点、杠杆等也会影响人的主观判断而造成大的亏损，这类问题也可以通过制定仓位标准、杠杆标准来克服。

一、制定仓位标准

制定仓位标准非常重要，是投资者在股市里走向成熟的标志之一。新手往往喜欢高仓位或者满仓，原因之一是想追求最大收益，在股市里这种做法不好，假如遇到某种大利空如财务造假、业绩修正、受到制裁或者其他突发事件，股票容易连续跌停，投资者因为仓位较重从而元气大伤，需要很长时间来恢复，也会影响炒股的心态和情绪。另外，股票种类太多也不好，仓位太分散，市场上没有那么多非常好的股票，符合买入标准的就更少了，所以持股也要相对集中，从而获得较高的收益。同时普通投资者因为时间、精力有限，没办法关注过多股票。

在持股方面，普通投资者持4～5只个股就已经足够了，平均仓位在20%左右，单个个股一般情况下不超过25%，对某一只有非常深入了解且未来业绩预期很好，没有财务造假风险、债务风险，没有退市、亏损被ST（special treatment，特别处理）等较低可能出现大利空而导致股价连续跌停风险的个股，可以提升到30%的总仓位。这样总体风险就比较可控了，哪怕因为自己能力不足，判断不到而踩雷了，哪怕这只个股跌没了，也有本钱从其他的个股上赚回来，有很高的容错率。同时因为仓位不重，人性的贪婪、恐惧等情绪会相应地缓解，从而不会影响原本的操作。又因为仓位分散在几只个股里，从而其中有大涨个股的概率也是原来只有一只个股时的几倍。而运用个股趋势投资策略亏损率比较低，大涨时能够充分获得收益，这样买4～5只个股的方式，有一个大涨都足以抵消其他个股的亏损，同时有获得盈利的可能，哪怕是行情不好，或者能力不行选股不对，整体的亏损也是很有限的，从而保证普通投资者即使没能力选到好的个股，也能保证本金的安全，然后在股市周期好的时候，享受到那一波普涨行情，在那一波行情中获得大的收益。

严格执行这些方法和策略，在长期的投资中大概率有正的收益。对于那些有投资能力的投资者来说，使用个股趋势投资策略，同时遵守这些仓位准则，会赚到更多钱，同时会有保障，降低失败归零的可能。这听起来很简单，但许多人是做不到合理分配仓位的，很多人有赌徒心态，想着立马获得高收益，比如巴菲特年化收益率才21%，而这仅仅需要满仓2天涨停就做到了，这种性格的人哪怕你跟他说有稳赚的方式，但是收益不高，他也是不做的。投资的目的是通过长期的稳定正收益来达到复利，而投机是希望在短时间内暴富，风险很大，绝大多数普通投资者的存款非常有限，或者说失去这部分钱会影响生活。股市里能快速暴富的人是少之又少，凤毛麟角，你可能看到那些追逐热点的人10年获得100倍或者更多的收益，但是你没有看见有多少普通的投资者用这种方式损失了全部本金甚至负债累累。普通的投资者特别需要注意这一点，循序渐进，制定合理的仓位标准和持股策略，并严格执行，同时明白股市是顺势而为，就必然能够有所收益。

二、制定杠杆标准

制定杠杆标准是为了在股祟上涨时能获得更大的收益。假设投资者分别买入4只股票，一共20万元，每只股票的仓位为25%，即每只个股持仓5万元。按照个股趋势投资策略，如果跌破某条均线0.8%，且均线差值超过5%是需要减仓六成的，假设这里有2只个股跌破了这个均线，那么各减六成仓，也就是一共减仓了6万元，可是现在的总仓位只有70%，需要预留这些钱作为等待其再次往上突破均线0.8%后买入的资金。空余资金没有利用完，不能实现收益最大化，恰好这时又有一只个股是你非常看好的，触发了买入条件，那么这种时候杠杆就能起到一定作用了。

你用剩下的6万元买入你想买的第5只个股，这时你刚好持股20万元，如果减仓了的那2只个股都突破均线往上涨了，那么你就可以使用杠杆，买回你原来卖掉的那6万元部分，从而在上涨的时候依然保持原来那些股的仓位，而又买到自己想要买的个股，这样上涨本来就是赚钱的。加了杠杆后可以赚更多的钱，即使后续个股再跌破均线后会减仓，那也会把这部分加了杠杆的卖掉，下跌时没有杠杆，依然是以自己的钱为主，使得整体风险可控，并适当地增大了收益。需要特别注意，整体杠杆率不超过原来的三成，比如100万元，有融资融券，最多用融资30万元的预留空间，而且一定要遵守这个标准，不然日后必然会因为没有遵守这个标准而很容易走上高杠杆的路，在一次大失败中被打回原形。

本章总结

所谓的策略其实很简单，就是通过控制个股的仓位和限制杠杆的使用，来控制风险，同时通过选适当的几只股来组合投资实现一个整体的大概率的正收益，从而在长时间的投资中实现积少成多。

笔者在这里再提一下总体的思路，主要是针对普通投资者的总体买卖股票的流程。

第一步：寻找有业绩增长潜力的成长股和周期股加入股票池，把不符合条件的剔除出股票池。这点是最重要的，一定要满足业绩增长这个前提，才能追求最大的收益。

第二步：看财务报表和估值、成长性来对股票池里的股票综合排序，当触发条件时这类股优先买入，且可以相对地持高仓位，比如25%左右仓位，对于排序靠后的则持较低仓位，比如10%仓位左右。

第三步：根据个股趋势投资策略进行操作，操作的时候要严格按照制定好的仓位标准和杠杆标准来进行风险控制。

选股是需要主观判断的，但是有个股趋势投资策略和风险控制的相对客观原则在，能够有效避免出错和较大亏损，同时有能力的人选对了股票能赚大部分的收益，而没有那么强的能力的投资者，即使买不到好的股票，也至少保证了本金的安全，还能通过等到股市的整体普涨行情获得收益，这也给了能力较差的投资者一个学习和成长的机会，而不是非得经历过很大的成本损失、错误或者痛苦才成长。这是本书的出发点，也是笔者的希望。笔者希望每一个小散户可以成长并从股市中获得收益，而不是成为“韭菜”，让原本就已经很糟的生活雪上加霜。

最后，如果投资者不能控制自己的冲动行为，不能按照自己规定好的原则去做，建议不要进入股市。

后　记

这本讲股票投资的书从2018年就开始写了，其间经过几年的股市深刻领悟，最初的很多想法和观点都随着实战而发生了巨大的改变，我对市场本质的看法、对股票的看法都已经彻底改变。

一开始我很崇尚巴菲特的价值投资，学习和股市实战都是以这种理念为主，但是后来发现这种价值的概念太模糊了，很难准确去判断，而且对企业的选择和对买入股票的时机要求极高。比如2018年10月市场估值都比较低，那时买入的股票很多都翻了几倍，但是绝大部分投资者可能不知道什么估值才是正确的，从而导致买贵了，收益不多或者亏损较大，甚至有的人会因为选错股而大额亏损。还有比较致命的一点是，长线持有时可能股票回撤过于巨大。如腾讯控股在2018年一年里股价从最高点直接被“腰砍”，在2021—2022年里跌了70%。还有其他许许多多的个股都出现过这种情况，更别说历史上出现过的金融危机或股市崩盘那种更加极端的情况了，我因此明白了顺势而为，从而萌生出趋势投资策略。

投资者没有必要在下跌趋势时一直持有股票，可以通过使用指数投资策略，在熊市的时候尽可能空仓，在牛市的时候尽可能满仓，顺势而为，大资金可能没办法做到这样，但是绝大多数普通投资者能受益于这种方法从而获得更高的收益，并且避免由自己的错误主观判断而造成巨额亏损。趋势投资策略和价值投资相比，选股是一样的，都是选择未来业绩会大幅增长的那些企业的股票，不同点在于股票买卖的依据。

价值投资的重点在于以估值的高低来决定买卖位置，需要主观判断。而趋势投资策略的重点在于趋势，即在个股操作上只考虑趋势上点位的买卖，完全不考虑估值的高低。估值仅仅是选股时的优先条件之一，而在实际个股买卖上完全不考虑，从而有效解决了长线价值投资方法所造成的个股波动过大的问题，解决了对投资者能力要求过高的问题，使绝大多数普通投资者容易学会并且能够获得更大的收益。

另一个重点是人性。股票市场是人的市场，你无法完全用价值来理解股票市场上的疯狂行为。同时，当投资者能力越来越强时，真正的对手就是自己了。投资者需要克服各种各样的人性弱点，贪婪、恐惧、焦虑等。有一点要切记，人不可以狂妄自大，要懂得敬畏市场，比尔·黄几天亏光几百亿美元就是最真实的例子。所以本书最后一章讲的制定仓位标准和杠杆标准非常重要，只有这样做，才能减少人性对买卖股票的负面影响，而那些没有自制力、控制不住自己情绪的人是不适合炒股的。

我的抖音账号是81471410706。后续我会发布视频或者直播讲述如何分析个股、寻找优质个股并对个股趋势投资策略进行实际应用，还有其他一些对经济或者股市的见解，欢迎各位读者一起交流学习。